Michael Ledvinka

Spekulationsblasen

Ansätze zu ihrer Berücksichtigung in der Asset Allocation

Diplomica Verlag GmbH

Ledvinka, Michael: Spekulationsblasen: Ansätze zu ihrer Berücksichtigung in der Asset Allocation. Hamburg, Diplomica Verlag GmbH 2013

Buch-ISBN: 978-3-8428-9952-0
PDF-eBook-ISBN: 978-3-8428-4952-5
Druck/Herstellung: Diplomica® Verlag GmbH, Hamburg, 2013

Bibliografische Information der Deutschen Nationalbibliothek:
Die Deutsche Nationalbibliothek verzeichnet diese Publikation in der Deutschen Nationalbibliografie; detaillierte bibliografische Daten sind im Internet über http://dnb.d-nb.de abrufbar.

Hermannstal 119k, 22119 Hamburg
http://www.diplomica-verlag.de, Hamburg 2013
Printed in Germany

Inhaltsverzeichnis

Abbildungsverzeichnis

Tabellenverzeichnis

Abkürzungsverzeichnis

BIP	Bruttoinlandsprodukt
CAPM	Capital Asset Pricing Model
CMS	Constant-Mix-Strategie
CNN	Cable News Network
CPPI	Constant Proportion Portfolio Insurance
CVaR	Constant Value at Risk
EDV	Elektronische Datenverarbeitung
ETF	Exchange Traded Funds
IR	Information Ratio
NASDAQ	National Association of Securities Dealers Automated Quotations
NYSE	New York Stock Exchange
RA	Risky Asset
S&P 500	Standard & Poor's 500
TE	Tracking Error
USA	United States of America
USD	United States Dollar
VaR	Value at Risk
WPL	Wertpapierlinie

1 Einleitung

Ereignisse wie die Asienkrise 1997, das Platzen der New Economy Blase um die Jahrtausendwende und die Subprime- und Kreditkrise ab 2007 haben tiefe Spuren hinterlassen. Anleger erlitten in dieser Tage schwere Wertminderungen ihrer Portfolios bis hin zum Totalverlust ihres Vermögens.
Enttäuschung und Frustration über die scheinbare Hilflosigkeit der Investmentbranche machte sich breit und die Risikoaversion der Marktteilnehmer stieg zusehends. Die vermeintlich zunehmende Häufigkeit spekulativer Booms mit anschließenden Kurseinbrüchen und das Versagen der Investmentbranche in solchen Krisenzeiten führte zu einer Desillusionierung hinsichtlich des Erfolgs traditioneller Asset Allocation.
Im Zuge dieser Entwicklungen wurden viele von der Notwendigkeit eines Paradigmenwechsels im Portfolio Management überzeugt. Die mangelhafte Prognosefähigkeit der traditionellen Asset Allocation in solch hochvolatilen Zeiten begünstigte die Entwicklung moderner Verfahren, die diese riskanten Phasen besser berücksichtigen und umschiffen sollen.
In der vorliegenden Studie werden neben langjährig erprobten Ansätzen auch neuere risikoorientierte Verfahren präsentiert, die der zunehmenden Dynamik der Kapitalmärkte Rechnung tragen.
Im zweiten Kapitel dieser Untersuchung wird zunächst das Phänomen spekulativer Blasen näher beleuchtet. So werden die charakteristischen Entwicklungsphasen einer Spekulationsblase von der Auslösung über das Wachstum bis hin zum Zusammenbruch dargestellt.
Das dritte Kapitel widmet sich der begrenzten Rationalität der Marktteilnehmer, welche die Entwicklung spekulativer Blasen erst ermöglicht. Zunächst werden hier einige Annahmen der modernen Kapitalmarkttheorie mit ihrem Idealbild des Homo oeconomicus dargelegt und auf ihre Praxistauglichkeit überprüft. Anschließend wird der verhaltenswissenschaftlich fundierte Ansatz der Behavioral Finance Theorie vorgestellt und einige Erkenntnisse aus dieser verhältnismäßig jungen Disziplin präsentiert.
Kapitel 4 beschreibt das Prinzip der Asset Allocation, also allgemein der Aufteilung (Allocation) des für die Investition zur Verfügung stehenden Geldvermögens auf die zur Auswahl stehenden Anlagemöglichkeiten (Assets).[1] Neben der zugrunde liegenden Portfolio Selection nach Harry M. Markowitz und dem Capital Asset Pricing Model werden die verschiedenen Dimensionen der Asset

[1] Vgl. Rudolph, B. (2003), S. 4

Allocation beschrieben. So wird neben der Strategischen Asset Allocation und der Taktischen Asset Allocation auch die Aktive und die Passive Asset Allocation vorgestellt.
Auf Grundlage des vierten Kapitels werden im fünften Kapitel Ansätze präsentiert, die den gewachsenen Anforderungen an ein modernes und effizientes Portfolio Management gerecht werden. Die zunehmende Dynamisierung der Kapitalmärkte wird ebenso berücksichtigt wie die Rückbesinnung der Marktteilnehmer auf das Risiko als primär zu beachtende Zielgröße.
Die Dynamische Asset Allocation (5.2.1) wird als Investmentkonzept vorgestellt, welches der gestiegenen Risikoaversion der Anleger Rechnung trägt. Auch die Multi Asset Allocation (5.2.2) mit ihrem Fokus auf der Weiterentwicklung des Diversifikationsgedankens wird erläutert. Weiterhin findet das Prinzip der Portfolio Insurance (5.2.3) mit seinen vielfältigen Ausgestaltungsmöglichkeiten Beachtung. Eine Zusammen-fassung und ein Fazit runden die Studie schließlich ab.

2 Spekulationsblasen

2.1 Hintergrund und Begriffsbestimmung

Spekulationsblasen bezeichnen ein in der Wirtschaftsgeschichte immer wieder zu beobachtendes Phänomen. Sie entstehen häufig dann, wenn die Faszination einer revolutionären Technologie oder eines neuen Geschäftsfelds märchenhafte Gewinne verspricht.[2] So erlebte die Niederlande mit der Tulpenmanie im 17. Jahrhundert die erste relativ gut dokumentierte Spekulationsblase. Ein neues und fremdartiges Produkt, die Tulpenzwiebel, faszinierte damals viele Menschen. Als die Nachfrage das Angebot überstieg, wuchsen auch die Preise für Tulpenzwiebeln weiter an und das Gut wurde bald als Spekulationsobjekt auf Auktionen gehandelt. Ab 1630 wurden Optionsscheine auf Tulpenzwiebelanteile vertrieben, die Preise explodierten und der eigentliche Spekulationsboom nahm seinen Lauf. Ein jähes Ende nahm die Tulpenmanie schließlich 1637. Als es bei einer Versteigerung nicht genügend Kaufinteressenten gab, kippte die Stimmung und die Preise stürzten in den Keller. Viele Menschen verloren ihr gesamtes investiertes Vermögen.[3]

Auch das 20. Jahrhundert wartet mit einer Vielzahl spekulativer Blasen auf. Das prominenteste Beispiel dürfte der Börsencrash an den Aktienmärkten der Vereinigten Staaten in den späten 20er Jahren sein. Auch der Immobilien- und Aktienboom in Japan Ende der 80er Jahre oder das Platzen der New-Economy-Blase Ende des Jahrtausends stellen bekannte Spekulationsblasen mit weitreichenden Folgen dar.[4]

Um den Begriff der Spekulationsblase zu definieren, sollen zunächst die Begriffe *Spekulation* und *Blase* unabhängig voneinander betrachtet werden.

Der Begriff *Spekulation* bezeichnet die überwiegend kurzfristige und gewinnorientierte Ausnutzung erwarteter Preisänderungen. Bei fallenden Aktienkursen hegt der Spekulant beispielsweise die Hoffnung, dass die Kurse in naher Zukunft wieder steigen werden und er erwirbt Aktien für sein Portfolio.[5]

Mit dem Begriff *Blase* oder *Bubble* beschreiben Wirtschaftswissenschaftler Abweichungen des Assetpreises von seinem Fundamen-

---

2 Vgl. Shiller, R. (2005), S. 106 ff.

3 Vgl. Frey, E. (2009), S. 97 f.

4 Vgl. Kindleberger, C. / Aliber, R. (2005), S. 25 f.

5 Vgl. Büschgen, H. (2012), S. 945

talwert[6] nach oben.[7] Die Bezeichnung Blase beschreibt zudem den lediglich temporären Charakter dieses Phänomens.
Die Abweichungen der Marktpreise von ihren Fundamentalwerten werden in erheblichem Maße von den Erwartungen der Marktteilnehmer beeinflusst. So erwerben Investoren die Aktien gewöhnlich mit der Hoffnung auf Teilhabe an künftigen Kursgewinnen. Je mehr Anleger diese Erwartung teilen, desto stärker steigen die Kurse. Die Erwartungen über künftige Kursentwicklungen haben einen maßgeblichen Einfluss auf die Assetpreisbildung und dynamische, sich selbstverstärkende Prozesse werden initiiert (*Feedback-Theorie*).[8] (Kapitel 2.2.2)
Ein prägnantes Beispiel für die Entwicklung einer Spekulationsblase bietet die Betrachtung des S&P 500[9] in Abbildung 1. Nachdem die Entwicklung des Index in den 70er Jahren stagnierte, verzeichnete er in den 80er Jahren moderates Wachstum. Deutlich erkennbar ist der steile Kursanstieg in den 90er Jahren und der abrupte Kursverfall um die Jahrtausendwende. Die Auswirkungen der Finanzmarktkrise ab 2007 sind ebenfalls augenscheinlich.

6 Der Fundamentalwert beschreibt die realwirtschaftliche Komponente des Preises wie z.B. reale Gewinnerwartungen eines Unternehmens
7 Vgl. Büschgen, H. (2012), S. 945 f.
8 Vgl. Shiller, R. (2005), S. 62-74
9 Ein weitbeachteter Aktienindex, der die 500 größten, börsennotierten US-amerikanischen Unternehmen umfasst.

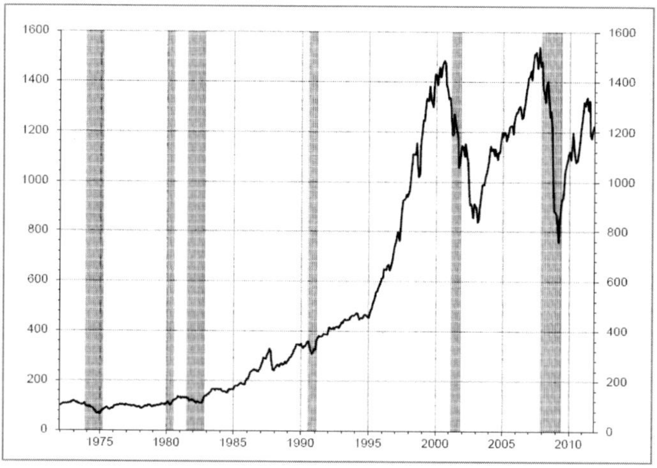

Abbildung 1: Entwicklung des S&P500 (1972-2012)[10]

2.2 Charakteristische Entwicklung spekulativer Blasen

2.2.1 Entstehung spekulativer Blasen

Spekulationsblasen geht häufig ein exogener Schock voraus, welchen Robert J. Shiller in seinem Werk „Irrational Exuberance" mit dem Begriff „New Era Economic Thinking" umschreibt. Solch exogene Ereignisse begünstigen die Entstehung spekulativer Blasen in erheblichem Maße.[11]
Bezeichnend für das „New Era Economic Thinking" ist die zu diesen Zeiten weitverbreitete Annahme, dass sich die Zukunft positiver und weniger ungewiss darstellen wird, als dies in der Vergangenheit der Fall war.[12] Dieser Optimismus nährt sich aus bahnbrechenden Erfindungen, die technischen Fortschritt und steigende Gewinnchancen mit sich bringen und eine vermeintlich neue Ära einleiten.[13]

10 Thomson Reuters Datastream (2012)
11 Vgl. Shiller, R. (2005), S. 106-132
12 Vgl. ebd., S. 106
13 Vgl. Kindleberger, C. / Aliber, R. (2005), S. 25 f.

Das Auftreten des Internets Mitte der 90er Jahre wurde beispielsweise von vielen Beobachtern als ein fundamentales Ereignis interpretiert, das die Produktivität der Wirtschaft erhöhen werde. Zweifelsohne hat das Internet als Kommunikations- und Vertriebssystem die Produktivität gesteigert. Um allerdings festzustellen, ob diese Erfindung schnelleres wirtschaftliches Wachstum als in der Vergangenheit generiert, bedarf es eines Vergleichs mit ähnlich bahnbrechenden Erfindungen der Vergangenheit. Der Postdienst, die Eisenbahn, Telegraphen, das Automobil und das Flugzeug, das Radio oder auch moderne Autobahnen sind äquivalente Erfindungen, die zu ihrer Zeit einen beträchtlichen Effekt auf die Volkswirtschaft hatten.[14]
Es ist kaum nachweisbar, ob das Internet einen größeren Einfluss auf das Wachstum der Wirtschaft in den 90er Jahren hatte, als es diese Erfindungen auf die Wirtschaft zu ihrer Zeit hatten. Demnach gibt es auch keine Anhaltspunkte, die heutzutage schnelleres Wachstum als in der Vergangenheit vermuten lassen.[15]
Weiterhin geht die Entwicklung spekulativer Blasen auf ein Zusammen-spiel unterschiedlicher Ursachen zurück. Viele Faktoren befinden sich in Wechselwirkung zueinander, verstärken sich gegenseitig und lösen letztlich eine Spekulationsblase aus.[16]
Im Folgenden sollen beispielhaft einige exogene Faktoren erläutert werden, die für die Entstehung des Booms an den weltweiten Aktienmärkten Ende des 20. Jahrhunderts mitverantwortlich waren.

- *Kapitalistische Expansion*

  Seit dem Ende des Kalten Krieges scheint eine Vielzahl von Staaten das westlich–kapitalistische Wirtschaftssystem nachzuahmen. So öffnete das einst kommunistische China mit seiner „Wirtschaftspolitik der offenen Tür" bereits in den 70er Jahren sein Land für ausländische Investitionen. In Städten wie Shanghai, Guangzhou und Shenzhen entstanden Sonderwirtschaftszonen. Ausländische Investitionen stiegen sprunghaft an und der Außenhandel florierte.[17]
  Auch der Zusammenbruch der UdSSR resultierte in der Gründung kleinerer und zunehmend marktorientierter Staaten. Rund um die Welt entwickelten sich Finanzmarktinstitutionen nach westlichem Vorbild.[18] Dieser Trend scheint bis heute fortzubeste-

---

[14] Vgl. Shiller, R. (2005), S. 106 f.
[15] Vgl. ebd., S. 107
[16] Vgl. ebd., S. 32
[17] Vgl. Malkiel, B. / Taylor P. (2008), S. 27 ff., Shiller, R. (2005), S. 33
[18] Vgl. Shiller, R. (2005), S. 33

hen. Erst kürzlich brachte das streng-kommunistische Kuba wirtschaftspolitische Reformen auf den Weg.[19]

- *Neuartige Informationstechnologien*

  Seit den frühen 80er Jahren ereigneten sich im Bereich der Informationstechnologien revolutionäre Fortschritte. So hat die Entwicklung des Mobiltelefons einen weitreichenden Einfluss auf den Alltag der Menschen. Der Stellenwert dieser Erfindung war von Anfang an unverkennbar und stellt als Symbol technischen Fortschritts einen Faktor dar, der das Vertrauen in die Technologie und in die Aktien-märkte bekräftigte.[20]
  Auch das Aufkommen des Internets Mitte der 90er Jahre rückte den schnellen technischen Fortschritt weiter ins Bewusstsein der Menschen und war dabei noch anschaulicher greifbar als es beispielsweise die Erfindung des Fernsehers war. Beim Fernsehen blieb der Mensch passiver Empfänger von Informationen. Dahingegen ermöglicht das Internet dem Menschen die aktive Teilnahme, indem er die Welt auf elektronischem Wege durchstöbern kann oder Bankgeschäfte bequem vom heimischen Computer erledigt. Das anschauliche und erlebbare Wesen des Internets trug zur Überzeugung der Masse bei, dass es einen gewaltigen wirtschaftlichen Einfluss haben müsse.[21]

- *Zunehmende Berichterstattung über die Finanzmärkte*

  Auch die Berichterstattung der Medien übt einen weitreichenden Einfluss auf das Marktgeschehen aus und ist integraler Bestandteil bei der Entstehung spekulativer Blasen. Denn bedeutende Marktgeschehnisse ereignen sich gewöhnlich dann, wenn innerhalb großer Gruppen von Menschen eine ähnliche Sichtweise vorherrscht. Die Medien in ihrer Funktion als Informationsintermediäre spielen eine essentielle Rolle bei der Verbreitung von Ideen. Aufgrund des starken Wettbewerbs untereinander sind sie stets darauf erpicht, die Aufmerksamkeit der Öffentlichkeit für sich zu gewinnen. Erfolgreiche Berichterstattung findet und kreiert interessante Nachrichten, fokussiert sich auf Themen die Gesprächspotential haben und produziert wenn möglich fortlaufende Geschichten. Das Börsengeschehen ist hierzu bestens geeignet und bietet den Medien exzellentes Material. Die Öffentlichkeit betrachtet die Börse als großes Kasino, als Markt für die Major Player und nicht zuletzt als Barometer für die Lage der

[19] Vgl. Reuters (2012)

[20] Vgl. Shiller, R. (2005), S. 37 f.

[21] Vgl. ebd., S. 38 ff.

Nation. Durch das tägliche Auf und Ab dient der Markt als fortlaufende Geschichte und ist prädestiniert für eine laufende Berichterstattung.[22]

Der erste auf Nachrichten spezialisierte Sender war Cable News Network (CNN) und startete sein Programm im Jahre 1980. Ereignisse wie der Golf-Krieg und der Simpson-Prozess 1995 schürten zunehmend die Nachfrage nach ununterbrochener Berichterstattung. Das Konsumverhalten der Menschen änderte sich im Laufe der Zeit, sodass Nachrichten anstatt abends nun über den Tag verteilt konsumiert werden.
Neue Nachrichtensender mit zum Teil finanzmarktspezifischem Fokus wurden gegründet und offerieren ununterbrochene Berichterstattung. Die Art der Berichterstattung wandelte sich hin zu Berichten, die mit Empfehlungen für mögliche Investitionen gespickt sind. Artikel über einzelne Unternehmen enthalten nun Einschätzungen über mögliche Investitionen und Gewinnchancen.
Die veränderte Berichterstattung führte letztlich zu steigender Nach-frage nach Wertpapieren. Ähnlich wie bei der Werbung für Konsumgüter, wurde das Publikum nun mit Finanzmarktprodukten vertraut gemacht, an ihre Kaufmöglichkeit erinnert und motiviert sie zu erwerben. Auch die Häufigkeit der Berichterstattung über die Finanzmärkte spielt eine wesentliche Rolle bei der Entstehung des Booms. So nahm die Berichterstattung im Laufe der 90er Jahre zu und die Medien sind als wichtiger, den Aktienboom begünstigender Faktor anzusehen.[23]

- *Optimistische Experteneinschätzungen*

Im Jahr 1999 empfahl das Gros der Analysten Aktien zu kaufen oder zu halten. Dies steht in auffallendem Gegensatz zur Situation im Jahre 1989, als die Empfehlung zu verkaufen neunmal höher war. Die damalige Zurückhaltung der Analysten bei Verkaufsempfehlungen wird heute häufig damit begründet, dass sich die Analysten nicht den Unmut der betroffenen Unternehmen zuziehen wollten. Die Unternehmen hätten den Analysten Gespräche verweigern oder sie von Informations-veranstaltungen ausschließen können.

[22] Vgl. Shiller, R. (2005), S. 85 f.
[23] Vgl. ebd., S. 43 f.

Ein weiterer Grund für die Zurückhaltung war die Tatsache, dass viele Analysten bei Unternehmen beschäftigt waren, die diese Unternehmen versicherten. Zu Investmentbanken gehörige Analysten gaben signifikant bessere Beurteilungen über Unternehmen ab, für welche ihr Arbeitgeber der Versicherer war.[24]

- *Wachstum von Kapitalanlagegesellschaften*

  Der Aktienboom geht einher mit einem auffälligen Wachstum der Kapitalanlagegesellschaften. So existierten im Jahre 1982 in den USA lediglich 340 Aktienfonds. Im Jahre 1998 lag deren Zahl bereits bei 3513. Auch die verstärkte Werbung für Fondsgesellschaften in Fernsehsendungen, Magazinen und Zeitungen trug ihren Teil zum rasanten Wachstum bei und weniger erfahrene Investoren wurden durch die Versprechung märchenhafter Gewinne angelockt.[25]

- *Ausweitung des Handelsvolumens – Aufkommen von Discount Brokern, Day Tradern und 24-Stunden-Trading*

  Die *Turnover rate*[26] für an der New York Stock Exchange (NYSE) gehandelte Aktien verdoppelte sich im Zeitraum von 1982 bis 1999 nahezu. Der auf Hochtechnologie spezialisierte NASDAQ verzeichnete ein noch größeres Wachstum der *Turnover rate* von 88% im Jahr 1990 auf 221% im Jahr 1999. Zurückführen lässt sich das einerseits auf das verstärkte Interesse am Finanzmarkt. Andererseits sanken die Transaktionskosten im Zuge zunehmender Verbreitung von Discount Brokern. Hinzu kommt ein erhebliches Wachstum der Online Trading Services. So stieg die Anzahl der Online Depots in den USA von 3,7 Millionen im Jahr 1997 auf 9,7 Millionen im Jahre 1999.[27]

---

24 Vgl. Shiller, R. (2005), S. 44 ff.

25 Vgl. ebd., S. 49 f.

26 Die turnover rate bezeichnet die totale Anzahl verkaufter Aktien pro Jahr dividiert durch die Gesamtzahl der Aktien, vgl. Büschgen, H. (2012), S. 1025

27 Vgl. Shiller, R. (2005), S. 52 f.

- *Zuversicht und Erwartungen der Investoren*

Die Entstehung spekulativer Blasen wird weiterhin von den Einstellungen und Erwartungen der Investoren hinsichtlich künftiger Kursentwicklungen beeinflusst. Eine bemerkenswerte Auffälligkeit im Vergleich eines boomenden Markts zu einem schrumpfenden Markt ist hier die unterschiedliche Grundstimmung der Investoren. Das Vertrauen der Investoren in eine positive Entwicklung des Marktes scheint zu Zeiten eines beginnenden Booms unerschütterlich. So schien sich in den späten 90er Jahren die Ansicht unter Investoren durchgesetzt zu haben, Aktien seien die beste Möglichkeit ein Investment zu tätigen und könnten langfristig nur von Erfolg gekrönt sein. Auch im Jahre 1929 glaubten die Menschen zu weiten Teilen daran, dass der Markt sich bei Kursverlusten innerhalb weniger Jahre wieder erholen werde und man mit etwas Geduld zumindest wieder „bei Null“ stehen würde.[28] Es existiert allerdings eine Vielzahl von Märkten, die sich innerhalb der vergangenen Jahrzehnte mäßig entwickelt haben.

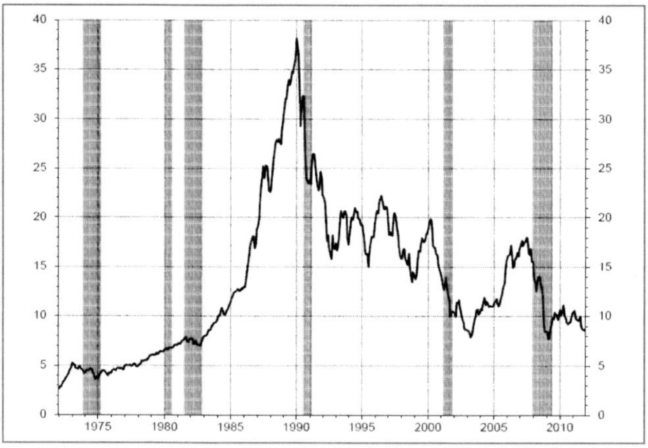

Abbildung 2: Entwicklung des Nikkei 225 (1972-2012)[29]

[28] Vgl. Shiller, R. (2005), S. 59-66

[29] Thomson Reuters Datastream (2012)

Der japanische Nikkei225 Index erreicht bis heute nicht ansatzweise sein Allzeithoch aus dem Jahr 1989 und verdeutlicht das Risiko einer jahrzehntelang mäßigen Marktentwicklung. Zu Zeiten eines spekulativen Booms scheinen Negativbeispiele wie dieses jedoch nicht im öffentlichen Bewusstsein verankert zu sein.

Die Darstellungen zeigen, dass eine Vielzahl unterschiedlicher Faktoren spekulative Blasen auslösen können. Betrachtet man die Komplexität und Vielfalt der Faktoren, die zudem häufig noch in Wechselwirkung zueinander stehen, wird schnell deutlich, dass seriöse wissenschaftliche Vorhersagen bezüglich künftiger Preisniveaus nur schwer realisierbar sind. Sicherlich wurden Fortschritte im Verständnis dieser Märkte gemacht doch die zunehmende Komplexität der Wirtschaft und des Weltgeschehens überwiegt weiterhin.[30]

2.2.2 Wachstum spekulativer Blasen

Exogene Schocks wie revolutionäre Erfindungen führen gewöhnlich zu positiveren Zukunftsaussichten. Durch den einhergehenden Optimismus der Marktteilnehmer nimmt die Nachfrage nach Gütern und Dienst-leistungen zu. Bei anhaltend hoher Nachfrage ist auch ein Preisanstieg dieser Güter und Dienstleistungen zu beobachten. Im Zuge dieser optimistischen Grundstimmung steigt die Zahl der Investitionen und Unternehmensneugründungen. Ein Boom entsteht der anfangs noch durch Fundamentaldaten gerechtfertigt ist. Kredite werden vermehrt in Anspruch genommen und durch die Ausweitung der Kredittätigkeit wird der Boom weiter verstärkt. Die Kreditinstitute vergeben in dieser optimistischen und von Aufbruchstimmung geprägten Atmosphäre vermehrt risikoreiche Darlehen.[31]

Es entwickelt sich „positives Feedback", da die zunehmenden Investitionen Wachstum generieren und dieses Wachstum wiederum die Zunahme weiterer Investitionen fördert. Der Boom wird von einem sich selbstverstärkenden Prozess begünstigt. Diesem Phänomen liegt die sogenannte Feedback-Theorie zugrunde.[32] Diese soll im Folgenden vorgestellt werden.
Die Feedback-Theorie (auch: *Rückkopplungstheorie*) besagt, dass anfängliche Preissteigerungen weitere Preissteigerungen verursachen. Zunächst lösen Ereignisse, wie eine bahnbrechende Erfindung den Kursanstieg eines oder mehrerer Assets aus. Dieser

[30] Vgl. Shiller, R. (2005), S. 55
[31] Vgl. Kindleberger, C. P. / Aliber, R. (2005), S. 25
[32] Vgl. Shiller, R. (2005), S. 68-75

Kursanstieg lockt vermehrt Investoren an, die Nachfrage steigt und weitere Preisanstiege des Assets sind die Folge. Der initiale Preisanstieg wird demnach durch die gewachsene Nachfrage der Investoren in noch höhere Preisniveaus rückgekoppelt und das Wachstum der Spekulationsblase wird vorangetrieben. Dies resultiert in weiter wachsenden Preisen, denn der Kursanstieg verstärkt sich selbst.[33]

Veranschaulichen lässt sich dieses Phänomen mit einem einfachen Experiment: Wird ein Mikrophon in die Nähe eines Lautsprechers gehalten, so erklingt als Resultat ein unangenehm schwingendes Pfeifen. Das Geräusch wird zwischen Mikrophon und Lautsprecher in einer Art Dauerschleife rückgekoppelt. Feedbacks bei Spekulationsblasen funktionieren nach demselben Prinzip – freilich in einer vielfach langsameren Geschwindigkeit.[34]

Durch den Feedback–Mechanismus wird das anfangs relativ geringe Kurswachstum um ein Vielfaches vergrößert. Der Kurs steigt unter Umständen immer weiter an ohne dass sich der zugrunde liegende intrinsische Wert des Assets wesentlich geändert hat.

In der Literatur werden eine Reihe verschiedener Feedbacks unterschieden.[35]

- *Preis-Preis-Feedback:*

  Durch Preisanstiege wächst die Zuversicht der Investoren und weitere Preissteigerungen werden begünstigt.

- *Preis-BIP-Preis-Feedback:*

  Durch den steigenden Wert des Aktien- oder Immobilienmarkts nimmt auch der Wohlstand und Optimismus der Marktteilnehmer zu. Ausgaben und Konsum steigen, was sich im Bau neuer Häuser, Fabriken und Anlagen äußert. Letztlich steigt hierdurch das Bruttoinlandsprodukt, die Menschen werden motiviert weiter in die Märkte zu investieren und die Preise steigen weiter.

[33] Vgl. Shiller, R. (2005), S. 68 f.
[34] Vgl. ebd., S. 69
[35] Vgl. ebd., S. 69 f.

- *Preis-Unternehmensgewinn-Preis-Feedback:*

  Steigen die Preise an den Aktienmärkten, so konsumieren die Menschen mehr und die Gewinne der Unternehmen steigen. Als Signal einer vielversprechenden Marktentwicklung fördert dies wiederum den Boom an den Aktienmärkten und die Preise steigen weiter.

Diese „Self-Fulfilling Prophecy“[36] zeigt, dass die Kurse immer mehr durch Erwartungen getrieben werden. Spekulationen über künftige Preissteigerungen führen zu weiteren Preissteigerungen. Die Preise entfernen sich demnach weiter von ihren Fundamentalwerten und die Blase wächst vorwiegend auf irrationaler Basis. Der Boom nährt sich fortan praktisch selbst.[37] Züge einer Massenbewegung werden deutlich (*soziale Ansteckung der Gesellschaft durch das Boom-Denken*)[38] und der realwirtschaftliche Bezug nimmt zunehmend ab.

Der US-Ökonom Nouriel Roubini bemerkte einst:

> *„Wenn man inmitten der Blase ist, dann finden die Menschen immer Wege, um die überhöhten Preise zu rechtfertigen.“*[39]

Der feste Glaube an den Fortbestand der Hausse sowie immer zuversichtlichere Erwartungen an ein stetiges Gewinnwachstum veranlassen die Investoren, immer risikoreichere Geschäfte zu tätigen. Die zuversichtliche Grundstimmung steigt weiter und kann selbsterfüllend werden bis sie sich zu einer regelrechten Manie entwickelt.[40]

Grundsätzlich scheint sich die Entwicklung spekulativer Blasen in zwei Phasen zu vollziehen.
In der ersten, nüchternen Phase reagieren die Marktteilnehmer auf einen exogenen Schock, wie beispielsweise eine bahnbrechende Erfindung. Die Reaktion hierauf erfolgt in begrenztem Ausmaß, ist als rational anzusehen und noch von den Fundamentaldaten gestützt.
In der zweiten Phase spielt die Erwartung von spekulativen Gewinnen eine zunehmend wichtigere Rolle. Die Güter werden nun

36 Vgl. Azariadis, C. (1981), S. 380 ff.
37 Vgl. Frey, E. (2009), S. 67 f.
38 Vgl. Shiller, R. (2005), S. 157-173
39 Vgl. Minsky, H. (1992), S.1-8
40 Vgl. Kindleberger, C. P. / Aliber, R. (2005), S. 25 ff.

vorrangig als Spekulationsobjekt gekauft und nicht in der Absicht, sie tatsächlich zu nutzen.[41]
Der Eisenbahn-Boom im Großbritannien der 1830er Jahre bestand beispielsweise aus zwei Phasen. Die auf Fundamentaldaten beruhende Phase vor 1835 wich einer zweiten, sehr spekulativen Phase ab 1835. In der ersten Phase wurden Aktien durch Promoter an die örtlichen Handelskammern, Geschäftsleute und Industrielle verkauft – stets Menschen vom Fach, die sich vom Bau der Eisenbahn solide Gewinne versprachen. In der zweiten Phase dagegen drängten weniger seriöse Promoter auf den Markt, die an schnellen Gewinnen interessiert waren und als Zielgruppe auch weniger erfahrene Menschen ins Visier fassten.[42]

Die Unterteilung des Wachstums spekulativer Blasen in zwei Phasen lässt auf zwei unterschiedliche Charaktere der Marktteilnehmer schließen. Es existieren demnach Insider und Outsider.
Insider destabilisieren den Markt, indem sie den Preis weiter und weiter nach oben treiben um schließlich nahe dem Höhepunkt des Booms an die Outsider zu verkaufen. Die Outsider oder Trittbrettfahrer sind meist die Verlierer des Booms. Sie kaufen gewöhnlich zu überhöhten Preisen und verkaufen nahe des Kursminimums. Die Verluste der Outsider stellen folglich die Gewinne der Insider dar. Nach erlittenen Verlusten geben sich die Outsider häufig ihrer gewöhnlichen Tätigkeit hin, sparen und investieren beim nächsten aufkommenden Boom.[43]
Dieses Phänomen wird in der Literatur häufig auch als Hausfrauenbörse bezeichnet – eine Situation, bei der in allgemeiner Haussestimmung breite Bevölkerungsschichten beginnen, Aktien zu kaufen und zu spekulieren.[44]

2.2.3 Zusammenbruch spekulativer Blasen

In der letzten Phase des Spekulationsbooms werden Anleger und Kreditgeber zunehmend nervös. Insider beginnen ihre Gewinne zu realisieren und die Anlegererwartungen werden instabiler.
Die Unternehmen realisieren, dass sie ihre Verbindlichkeiten möglicherweise nicht bedienen können und die Tendenz zu kurzfristigen Finanzierungen steigt. Kreditinstitute erhöhen nun die Kreditzinsen. Folglich verteuert sich die Inanspruchnahme von Krediten, die Nachfrage sinkt und Liquidität zur Befeuerung des

41 Vgl. Kindleberger, C. P. / Aliber, R. (2005), S. 44
42 Vgl. ebd., S. 44 f.
43 Vgl. ebd., S. 45 f.
44 Vgl. Büschgen, H. (2012), S. 497

Booms fehlt zunehmend. Assets werden vermehrt in Liquidität umgesetzt.[45]

Das mittlerweile ausgesprochen instabile System bricht nun in sich zusammen. Die anfangs noch so positiven Erwartungen kehren sich um in Misstrauen und Sorge um das eigene Vermögen. Die Marktakteure veräußern ihre Wertpapiere zunehmend und der Kursverfall setzt ein. Dieser Kursverfall unterliegt nach der Feedback-Theorie einem sich selbst verstärkenden Prozess. Denn die Kursverluste alarmieren nun weitere Anleger und eine sich selbst verstärkende Abwärtsspirale wird ausgelöst. Panik am Markt macht sich breit.[46]

Durch den Abverkauf der Vermögensgüter verlieren diese weiter an Wert wodurch andere Kredite nicht mehr ausreichend gesichert sind und fällig gestellt werden. Zunehmender Verkaufsdruck in anderen Markt-segmenten ist die Folge.

Die Marktteilnehmer ziehen sich nun weitestgehend aus dem Markt zurück und die Börsenkurse rutschen weiter ab. Die allgemeine Panik führt zu einem Zusammenbruch der Konjunktur. Die Stimmung der Wirtschaft trübt ein und eine Rezession ist die Folge.[47]

---

[45] Vgl. Kindleberger, C. / Aliber, R. (2005), S. 25 ff.

[46] Vgl. Shiller, R. (2005), S. 71

[47] Vgl. Frey, E. (2009), S. 71

3 Die Behavioral Finance Theorie

3.1 Der Homo oeconomicus und die Grenzen der modernen Kapitalmarkttheorie

Die neoklassische Theorie basiert auf der Grundannahme, dass Menschen rational denken und handeln. Ein Blick in die Wirtschafts-geschichte zeigt jedoch, dass Spekulationsblasen und Manien ein immer wiederkehrendes Phänomen sind. So reichen die Beobachtungen von der Tulpenmanie im 16. Jahrhundert über das Eisenbahnfieber in den USA zwischen 1830 und 1840 bis hin zu diversen Blasen an den Aktien- und Immobilienmärkten des 20. Jahrhunderts.[48]

Wäre das Handeln der Wirtschaftssubjekte gänzlich rational, gäbe es keinerlei Blasenbildungen oder Ungleichgewichte.[49] Die Beobachtungen des tatsächlichen Wirtschaftsgeschehens stehen dem jedoch entgegen und sind folglich mit der neoklassischen Theorie nicht vereinbar. In Anbetracht wiederkehrender Spekulationsblasen stellt sich die Frage, ob die theoretischen Grundlagen der Finanzwissenschaft, die zu großen Teilen auf der modernen Kapitalmarkttheorie basieren, die Realität fehlerfrei wiederspiegeln.[50]

Einen integralen Bestandteil der modernen Kapitalmarkttheorie bildet die Markteffizienzhypothese. Diese beschreibt die Kapitalmärkte als weitestgehend effizient, was im Widerspruch zu den Beobachtungen während eines spekulativen Booms steht. Die Markteffizienzhypothese und somit auch die moderne Kapitalmarkttheorie gehen bei den Marktteilnehmern vom Verhalten des Homo oeconomicus aus, der im Folgenden näher dargestellt werden soll.[51]

Der Homo oeconomicus beschreibt das Modell eines fiktiven Akteurs, der ausschließlich rational und wirtschaftlich denkt. Er agiert stets nutzenmaximierend und verfügt über vollständige Informationen. Das Modell des Homo oeconomicus ist nicht bestrebt, das individuelle Verhalten jedes einzelnen Wirtschaftssubjekts darzulegen. Vielmehr soll das Modell treffende Aussagen über gewöhnliches menschliches Verhalten in ökonomischen Situationen ermöglichen, um aggregierte Größen, wie den Konsum prognostizieren zu können.[52]

---

48 Vgl. Kindleberger, C. / Aliber, R. (2005), S. 38
49 Vgl. Schneider, S. (2010), S. 2
50 Vgl. Bergold, U. (2005), S. 11 f.
51 Vgl. ebd., S. 12
52 Vgl. Kirchgässner, G. (2008), S. 12 ff.

Dem Modell des Homo oeconomicus liegen folgende Annahmen zugrunde:

- *Eigeninteresse:*

  Bereits Adam Smith erwähnte in seinem 1776 erschienenen Buch „Der Wohlstand der Nationen", dass das Eigeninteresse wesentlich zum gesellschaftlichen Wohlstand beitrage. So bemerkte er:

  > *„It is not from the benevolence of the butcher, the brewer, or the baker that we expect our dinner, but from their regard to their own interest."*[53]

  Die Verfolgung der eigenen Interessen und Präferenzen sind daher eine markante Eigenschaft des Homo oeconomicus.[54]

- *Rationales Handeln:*

  Der Homo oeconomicus handelt stets rational und befolgt das Ökonomische Prinzip. Er ist bestrebt, vorgegebene Ziele mit minimalen Mitteln zu erreichen (Minimalprinzip) oder mit gegebenen Mitteln den größtmöglichen Nutzen zu erzielen (Maximalprinzip).[55]

- *Nutzenmaximierung:*

  Die Maximierung des Nutzens stellt das oberste Ziel des Homo oeconomicus dar. Welche konkreten Handlungen den Nutzen im Einzelfall maximieren, ist abhängig von der individuellen Zielfunktion, also den individuellen Präferenzen des Akteurs. Der fiktive Akteur verhält sich also rational, wenn er seine persönliche Nutzenfunktion maximiert.[56]

---

[53] Vgl. Smith, A. (1776), S. 6

[54] Vgl. Schneider, S. (2010), S. 3 f.

[55] Vgl. ebd., S. 4

[56] Vgl. ebd., S. 4

- *Reaktion auf Restriktionen:*

  Aufkommende Restriktionen erwidert der Homo oeconomicus mit systematischem Handeln. Steigt bei einem aus zwei Gütern bestehenden Güterbündel der Preis des einen Gutes, so wird der Homo oeconomicus vermehrt auf das andere Produkt zurückgreifen.[57]

- *Feststehende Präferenzen:*

  Die Präferenzen des Homo oeconomicus sind im Modell stabil; die Nutzenfunktion gilt folglich als unveränderlich.[58]

- *Vollständige Information:*

  Der Homo oeconomicus ist über die bestehenden Handlungsalternativen jederzeit vollständig informiert und kann die Folgen seines Handelns mit Eintrittswahrscheinlichkeiten gewichtet genau abschätzen. Unsicherheiten und Informationskosten existieren dementsprechend nicht. Lediglich gegenüber der Zukunft herrscht Ungewissheit.[59]

In psychologischen Experimenten wurden die Modellannahmen des Homo oeconomicus mit dem tatsächlichen menschlichen Verhalten verglichen. Das Resultat waren bemerkenswerte Erkenntnisse hinsichtlich menschlicher Denk- und Entscheidungsprozesse. Hieraus ist unter anderem die Prospect Theory (*auch: Neue Erwartungstheorie*) entstanden, welche die Entscheidungsfindung in Situationen der Unsicherheit beschreibt.[60]
Elementarer Bestandteil der Prospect Theory ist etwa die Erkenntnis, dass Verluste meist stärker gewichtet werden als Gewinne. Ein Verlust wiegt im subjektiven Empfinden der meisten Menschen etwa doppelt so viel wie ein Gewinn in gleicher Höhe. Menschen haben folglich Angst vor Verlusten, verhalten sich daher eher risikoscheu und versuchen Verluste zu vermeiden. In verschiedenen Experimenten zeigte sich, dass die Teilnehmer systematisch die sichereren Optionen gegenüber den unsichereren bevorzugten, selbst wenn damit ein niedrigerer Erwartungswert verbunden war.

[57] Vgl. Schneider, S. (2010), S. 5
[58] Vgl. ebd., S. 5 f.
[59] Vgl. ebd., S. 6
[60] Vgl. Kahneman, D. (1979), S. 1 ff.

Diese Verhaltensweise wird in der Fachsprache auch als „loss-aversion“ bezeichnet.[61]
Diese Verhaltensweise hat wiederum zur Konsequenz, dass es bei der Entscheidungsfindung von hoher Relevanz ist, ob die Alternativen als Gewinn oder Verlust umschrieben werden (*Framing*) Das tatsächliche Ergebnis der Entscheidung rückt dabei oftmals in den Hintergrund.[62]
Beispielsweise wurden im Zuge einer Studie zwei Vergleichsgruppen gebildet. Der ersten Gruppe wurde das Angebot unterbreitet, USD 4.000 mit einer Wahrscheinlichkeit von 80% zu erlangen oder eine Summe in Höhe von USD 3.000 mit einer Wahrscheinlichkeit von 100% zu erhalten.

1	Wählen Sie eine der beiden Optionen:	
A	Auszahlung von USD 4.000 mit einer Wahrscheinlichkeit von 80%	20%
B	Auszahlung von USD 3.000 mit einer Wahrscheinlichkeit von 100%	80 %

2	Sie bekommen USD 500. Zusätzlich wählen Sie eine der beiden Optionen:	
A	100% Wahrscheinlichkeit USD 100 zu verlieren	36%
B	50% Wahrscheinlichkeit Nichts zu verlieren bzw. 50% Wahrscheinlichkeit USD 200 zu verlieren	64%

Abbildung 3: Sicherheitseffekt und Verlustaversion in der Prospect Theory[63]

61 Vgl. Kahneman, D. (1979), S. 263
62 Vgl. Kahneman (1991), S. 199 ff.
63 Eigene Darstellung in Anlehnung an: Schneider, S. (2010), S. 9 f.

Der Erwartungswert der ersten Variante ist mit USD 3.200 (USD 4.000 x 80% = USD 3.200) höher als der Erwartungswert der zweiten Variante (USD 3.000 x 100% = USD 3.000). Dennoch entschieden sich 80% der Befragten für die sichere Variante mit dem geringeren Erwartungswert.

Zurückführen lässt sich dies auf die Risikoaversion der Marktteilnehmer da sie einen sicheren Gewinn einem höheren aber unsicheren Gewinn vorziehen.[64] Die Risikoaversion verhält sich jedoch asymmetrisch hinsichtlich potentieller Gewinne und Verluste. So überwiegt der Schmerz über den Verlust eines Guts gewöhnlich die Freude über den Hinzugewinn einer gleichwertigen Sache.[65]

Diese Tatsache verdeutlicht das Verhalten der zweiten Versuchsgruppe. Hier bekamen die Probanden USD 500 geschenkt und sollten sich zwischen zwei Möglichkeiten entscheiden. Mit der ersten Option entscheiden sie sich für den feststehenden Verlust von USD 100. Bei Wahl der zweiten Option besteht mit einer Wahrscheinlichkeit von 50% die Möglichkeit den Verlust abzuwenden. Weiterhin besteht mit einer Wahrscheinlichkeit von 50% das Risiko, einen Verlust von USD 200 in Kauf nehmen zu müssen.

Obwohl der Erwartungswert beider Optionen identisch ist, entschieden sich 64% der Probanden für die „unsichere" Variante um den sicheren Verlust abzuwenden.[66]

Während Entscheidungen hinsichtlich potentieller Gewinne eher risikoavers ausfallen, steigt die Risikofreudigkeit bei der möglichen Vermeidung von Verlusten an. Ein kleiner, sicherer Gewinn wird einem größeren, aber ungewissen Gewinn vorgezogen (Risikoaversion). Umgekehrt verhalten sich die Probanden bei möglichen Verlusten risikofreudiger. Steht ein kleiner sicherer Verlust einem größeren, aber möglicherweise abwendbaren Verlust gegenüber, entschieden sich die Probanden meist für die risikoreichere zweite Variante. Die Ursache hierfür liegt in der beschriebenen Schmerzhaftigkeit eines Verlusts. Der Mensch ist stets bestrebt einen drohenden Verlust abzuwenden – auch durch Inkaufnahme eines höheren Risikos oder die Wahl einer irrationalen Option.[67] Dies ist aus evolutionärer Sicht nachvollziehbar, da die Vermeidung von Verlusten essenziell für das Überleben einer Spezies ist.[68]

Eine weitere Abweichung des menschlichen Verhaltens von dem des Homo oeconomicus zeigt sich bei der Maximierung des Nutzens, der in der Realität meist nicht vollständig angestrebt wird. Sieht sich beispielsweise ein potentieller Autokäufer nach einem

---

64 Vgl. Kahneman, D. (1979), S. 263

65 Vgl. Goldberg, J. / Von Nitzsch, R. (2004), S. 130

66 Vgl. Schneider, S. (2010), S. 9 f.

67 Vgl. Kahneman, D. (1979), S. 263

68 Vgl. Unser, M. / Steiner, M. (1999), S. 35 ff.

Neuwagen um, so würde er seinen Nutzen maximieren indem er die Ausstattung aller auf dem Markt befindlichen Autos normiert, gegeneinander abwägt und letztlich zu einem systematischen Ergebnis kommt. In der Realität wird sich ein Mensch mit einem bestimmten Maß an Zufriedenheit begnügen und dann von weiterer Nutzenmaximierung absehen. Im Falle des Autokaufs wird der Käufer also nur solange suchen bis er ein Auto findet, das die für ihn wichtigen Kriterien erfüllt und seinen Bedürfnissen entspricht. Der Aufwand für eine umfassende Normierung und Abwägung aller auf dem Markt befindlichen Autos und derer Ausstattung würde in keinem vernünftigen Verhältnis zum stiftenden Nutzen stehen.[69]
Wie anhand der vorangegangenen Beispiele deutlich wurde, weicht das Verhalten des Menschen häufig von dem des Homo Oeconomicus ab. Der Mensch verhält sich in vielen Fällen irrational oder maximiert seinen Nutzen nicht vollständig. Ein möglicher Grund hierfür ist die Tatsache, dass Menschen in ihrem Informations- und Entscheidungsverhalten systematischen Irrtümern und Fehlurteilen unterliegen. So konnte in einem weiteren Experiment nachgewiesen werden, dass das rationale Verhalten des Menschen mit zunehmender Komplexität der Entscheidungssituation überproportional abnimmt.[70] Das Bild eines stets rational handelnden Menschen ist folglich überholt und die bedingte Aussagekraft der modernen Kapitalmarkttheorie hinsichtlich des tatsächlichen Marktgeschehens wird deutlich. In der modernen Kapitalmarkttheorie werden Aspekte wie die Irrationalität und die psychologischen Verzerrungen der Marktteilnehmer völlig außer Acht gelassen. Dies verwundert jedoch nicht wenn man den Charakter der Theorie betrachtet. Die moderne Kapitalmarkttheorie basiert auf den Grundlagen der gaußschen Statistik und somit auf der Normalverteilungshypothese. Im Gegensatz zur Normalverteilungs-hypothese ist das Verhalten der Menschen im Aggregat jedoch nicht normalverteilt. Die Ursachen hierfür liegen im asymmetrischen Verhalten der Wirtschaftssubjekte, die durch systematische Fehlbewertungen und Markteuphorien hervorgerufen werden.[71] Letztlich bleibt festzuhalten, dass die moderne Kapitalmarkttheorie zwar wichtige Erkenntnisse enthält, das Geschehen an den Kapitalmärkten allerdings nicht fehlerfrei widerspiegelt.

---

[69] Vgl. Schneider, S. (2010), S. 14

[70] Vgl. Bergold, U. / Mayer, B. (2005), S. 13 f.

[71] Vgl. ebd., S. 12 f.

3.2 Ein neuer Forschungsansatz: Die Behavioral Finance

3.2.1 Begriffsbestimmung

Aus den Unzulänglichkeiten der modernen Kapitalmarkttheorie resultierte eine verstärkte Forschung im Bereich menschlicher Entscheidungs-prozesse. In den vergangenen Jahren machte in diesem Zuge die Behavioral Finance Theorie vermehrt von sich reden - ein Forschungsansatz der auch als verhaltenswissenschaftlich fundierte Finanzmarkttheorie bezeichnet wird. Im Rahmen der Behavioral Finance Theorie werden neuere Erkenntnisse der Psychologie aufgegriffen um das Anlegerverhalten und das Geschehen an den Kapitalmärkten realitätsnäher zu beschreiben.[72]
Wie im vorangegangenen Kapitel deutlich wurde, agieren Menschen aufgrund mentaler und neuronaler Restriktionen häufig irrational und entsprechen in hohem Maße nicht dem Wesen des in der modernen Kapitalmarkttheorie propagierten Homo oeconomicus.[73] Die Behavioral Finance Theorie berücksichtigt, dass sich Menschen beschränkt rational verhalten und Informationen in unterschiedlichen Situationen unterschiedlich bewerten. Dass Menschen neben der Gewinnerzielung noch andere Motive für ihr Handeln haben wird ebenso beachtet wie die Tatsache, dass Marktteilnehmer nicht immer vollständig informiert sind.[74]
Welch breites Spektrum dieser Forschungsansatz umfasst, verdeutlicht folgende Definition nach Rapp:

> *Die Behavioral Finance Theorie beschäftigt sich mit allen Prozessen der Auswahl, Aufnahme und Verarbeitung entscheidungsrelevanter Informationen, der Erwartungsbildung sowie der nachgelagerten Entscheidungsfindung von Marktteilnehmern, wobei insbesondere auch die Konsequenzen sozialer Interaktionen auf Marktebene berücksichtigt werden.*[75]

Die Behavioral Finance ist allerdings nicht als Gegensatz zur vorherrschenden Kapitalmarkttheorie zu sehen. Vielmehr stellt sie eine Verbindung der Kapitalmarkttheorie mit soziologischen und psychologischen Erkenntnissen dar.[76] Sie ist darauf ausgelegt, das tatsächliche, oft intuitive Verhalten der Entscheider zu beschreiben

---

72 Vgl. Jurczyk, B. (2002), o.S.
73 Vgl. Bergold, U. / Mayer, B. (2005), S. 14
74 Vgl. Goldberg, J. / Von Nitzsch, R. (2004), S. 25
75 Vgl. Rapp, H. (2000), S. 76 ff.
76 Vgl. Roßbach, P. (2001), S. 10

und darauf basierend das Verhalten vor, während und nach einer Entscheidung vorherzusagen.[77]

3.2.2 Erkenntnisse der Behavioral Finance Theorie

3.2.2.1 Heuristiken

„In der Praxis verringert der Mensch durch Näherungsverfahren die Komplexität seiner Umwelt, da eine vollständige Sammlung und Bewertung der für eine Entscheidung relevanten Faktoren die Verarbeitungskapazität seines Gehirns überfordern würde.“[78]
Bei solchen unterbewussten Entscheidungshilfen handelt es sich um sogenannte Heuristiken. Sie tragen dazu bei, dass, in Situationen der Unsicherheit, Informationen zügig und mit geringem Aufwand verarbeitet werden und eine schnelle Lösung möglich ist.[79] Diese Näherungsverfahren führen in vielen Situationen zu nützlichen Ergebnissen. Allerdings können jene Heuristiken auch des Öfteren zu verzerrten Wahrnehmungen und systematischen Denkfehlern führen.[80]
Ein konkretes Beispiel für Heuristiken ist etwa die Verfügbarkeitsheuristik. Diese besagt, dass die Eintrittswahrscheinlichkeit eines Ereignisses umso höher eingeschätzt wird, je verfügbarer Informationen und Beispiele für dieses Ereignis sind. Auch spielen Auffälligkeit, Anschaulichkeit und Aktualität des Ereignisses eine wesentliche Rolle. Auch spielen Auffälligkeit, Anschaulichkeit und Aktualität des Ereignisses eine wesentliche Rolle. Anleger die erst kürzlich einen Börsencrash miterlebt haben, werden demnach risikobewusster agieren als es Anleger tun, die noch keine signifikanten Verluste erlitten haben. Der Mensch tendiert dazu, kürzlich Erlebtes stärker zu gewichten, weil es in der Erinnerung leichter und schneller verfügbar ist. Dies gilt vor allem bei jenen gut vorstellbaren, konkreten und lebendigen Ereignissen.[81]
Ein weiteres Beispiel ist die Heuristik der selektiven Wahrnehmung. Demnach werden manche Informationen verstärkt, selektiv beachtet während andere wiederum vernachlässigt werden. So wählen selbst Analysten diejenigen Informationen aus, die ihren Erwartungen entsprechen und in Einklang mit gängigen Prognosen stehen. Unterschiedliche Erwartungen führen häufig sogar zu unterschiedlichen Interpretationen ein und desselben Sachverhalts.[82]

[77] Vgl. Goldberg, J. / Von Nitzsch, R. (2004), 27
[78] Schneider, S. (2010), S. 1
[79] Vgl. Goldberg, J. / Von Nitsch, R. (2004), S. 49 f.
[80] Vgl. Schneider, S. (2010), S. 1
[81] Vgl. Goldberg, J. / Von Nitzsch, R. (2004), S. 56 ff.
[82] Vgl. Goldberg, J. / Von Nitzsch, R. (2004), S. 59 ff.

Die Komplexität von Entscheidungssituationen kann auch durch „Mental Accounting" reduziert werden. Hierunter versteht man das Verbuchen von Alternativen auf geistigen, fiktiven Konten. Der Kauf einer Aktie, die Investition in eine Immobilie oder auch der Besuch eines Konzerts stellen denkbare fiktive Konten dar. Die isolierte Betrachtung dieser einzelnen Konten führt häufig zu Fehlentscheidungen.[83]
Welche Problematik sich durch das „Mental Accounting" ergeben kann, wird anhand des folgenden Beispiels zur Beurteilung von Investitionsmöglichkeiten deutlich.
Ein Investor erwägt, Aktien verschiedener Modeunternehmen zu erwerben. Unternehmen A vertreibt Bademoden, Unternehmen B hingegen Regenbekleidung. Die Gewinnaussichten der beiden Unternehmen hängen offensichtlich in hohem Maße von den Wetterbedingungen ab. Wird die Investitionsentscheidung im Sinne des Mental Accounting getroffen, werden also beide Investitionsmöglichkeiten isoliert voneinander betrachtet, so wird jede Anlageentscheidung für sich gesehen zu risikoreich erscheinen. Dass sich Bademoden und Regenbekleidung hinsichtlich des Faktors Wetter passend ergänzen, wird völlig außer Acht gelassen. Eine diversifizierte und möglicherweise lukrative Anlageentscheidung wird völlig falsch bewertet und Gewinnchancen bleiben ungenutzt.[84]
Während Sachverhalte durch Vereinfachung, Verfügbarkeitsheuristiken und Mental Accounting in ihrer Komplexität reduziert werden, so bedarf es zudem einer möglichst schnellen Verarbeitung dieser Informationen um zeitnahe Entscheidungen treffen zu können. Hierbei bedienen sich Menschen sogenannter Urteilsheuristiken.
Als exemplarische Beispiele für derartige Heuristiken werden im Folgenden Verankerungsheuristiken und Repräsentativitätsheuristiken näher dargestellt.[85]
Verankerungsheuristiken beschreiben die Beobachtung, dass sich Menschen bei ihren Entscheidungen häufig an einem Richtwert, dem Anker, orientieren. Dieser Richtwert wird unter Berücksichtigung weiterführender Informationen und Analysen angepasst.[86]
Soll beispielsweise der Kurs des Euro in zwei Jahren prognostiziert werden, wird man gewöhnlich den aktuellen Eurokurs als Anker verwenden. Die darüber hinausgehende Einholung volkswirtschaftlicher Daten und weitere Analysen führen letztlich zum prognostizierten Wert. Der Anker muss nicht in nummerischer Form vorliegen sondern kann auch durch Experteneinschätzungen oder Meinungen von beispielsweise Freunden gegeben sein. Stehen

83 Vgl. ebd., S. 54 ff.
84 Vgl. ebd., S. 55 ff.
85 Vgl. ebd., S. 66
86 Vgl. ebd., S. 66 ff.

solche Informationen nicht zur Verfügung, orientiert man sich gewöhnlich am aktuellen Wert des Guts. Problematisch ist die weitverbreitete Tendenz, dass Prognosen zu sehr am Anker ausgerichtet werden wodurch die Wahrscheinlichkeit starker Abweichungen und Verzerrungen des Prognosewerts vom tatsächlichen Ergebnis steigt.[87]
Eine weitere Form der Urteilsheuristiken stellen Repräsentativitätsheuristiken dar.

> *„Die Repräsentativitätsheuristik bezeichnet die Tendenz von Entscheidern, einzelne Ereignisse oder Beobachtungen als typisch für eine Kategorie, Grundgesamtheit oder Entwicklung einzuschätzen, ohne deren Eintritts-wahrscheinlichkeit geprüft zu haben.“* [88]

Folgendes Experiment verdeutlicht den Kern der Repräsentativitäts-heuristik anschaulich: Ein junges Paar möchte sechs Kinder bekommen. Welche der Reihenfolgen MMMMMM oder MJJMMJ ist wahrscheinlicher (M=Mädchen; J=Junge)?[89]
Natürlich weisen beide Varianten dieselbe Eintrittswahrscheinlichkeit[90] auf, da es sich um unabhängige, einander nicht bedingende Ereignisse handelt.
Dennoch hielt der Großteil der Probanden die Variante MJJMMJ für die wahrscheinlichere. Die Ursache für diese abweichende Wahrnehmung liegt in der unterschiedlichen Repräsentativität der beiden Optionen. Die zweite Variante MJJMMJ repräsentiert aufgrund ihrer Ähnlichkeit zu anderen Varianten eine Vielzahl weiterer Optionen wie MMJMJJ oder MMJJMJ und wird aufgrund dessen als wahrscheinlicher eingeschätzt. Die Repräsentations-heuristik verzerrt Urteile und wirkt sich durch ein Überschätzen von Wahrscheinlichkeiten aus. Weiterhin zeigt sie, dass Menschen dazu neigen empirische und kausale Zusammenhänge zu überschätzen.[91]

---

87 Vgl. Goldberg, J. / Von Nitzsch, R. (2004), S. 66 ff.

88 Oehler, A. (2000), S. 983

89 Vgl. Goldberg, J. / Von Nitzsch, R. (2004), S. 71

90 Die Eintrittswahrscheinlichkeit beträgt jeweils $0{,}5^6 = 0{,}015625 = 1{,}56\%$

91 Vgl. Goldberg, J. / Von Nitzsch, R. (2004), S. 71 f.

Heuristiken	
Komplexitätsreduzierung	Schnelle Urteilsfindung
Vereinfachung	Verankerungsheuristik
Verfügbarkeitsheuristik	Repräsentativitätsheuristik
Mental Accounting	

Tabelle 1: Übersicht der Heuristiken [92]

3.2.2.2 Kognitive Dissonanz

Befinden sich Menschen in einer Situation, in der sie sich zwischen zwei oder mehreren Alternativen entscheiden müssen, geraten sie häufig in einen Zwiespalt. Dieser Zwiespalt rührt daher, dass die getroffene Wahl gewöhnlich auch negative Aspekte enthält. Umgekehrt weist die zurückgewiesene Option in der Regel auch positive Eigenschaften auf. [93]
Entscheidet man sich beispielsweise beim Wertpapierkauf zwischen zwei Aktien, so werden gewöhnlich beide Aktien Argumente enthalten, die für oder gegen einen Kauf sprechen. Letztlich muss man sich für eine der beiden Optionen entscheiden und damit leben, dass auch die nicht gewählte Aktie positive Eigenschaften aufweist. Diese widersprüchlichen Informationen lösen im Käufer einen inneren Konflikt aus, da er bestrebt ist, eine optimale Entscheidung zu treffen. Dieser Widerspruch wird als Kognitive Dissonanz bezeichnet und vom Menschen als unangenehm empfunden. Daher ist er stets bemüht, Unstimmigkeiten im Denken und in der Wahrnehmung zu vermeiden oder zu beseitigen.[94]
Im Falle des Wertpapierkaufs bestehen hierzu zwei Möglichkeiten. Einerseits könnte der Käufer die Wertpapiere mit anfallenden Transaktionskosten wiederveräußern. Andererseits könnte der Verkäufer versuchen, Gründe und Informationen zu finden, die seine Wahl rechtfertigen. Die eigene Entscheidung soll damit also bekräftigt werden. Umgekehrt werden Informationen und Aspekte, die gegen einen Kauf sprechen verdrängt.[95] Diese selektive Wahr-

92 Eigene Darstellung in Anlehnung an: Goldberg, J. / Von Nitzsch, R. (2004), S. 51
93 Vgl. Goldberg, J. / Von Nitzsch, R. (2004), S. 119
94 Vgl. Bergold, U. / Mayer, B. (2005), S. 19
95 Vgl. Bergold, U. / Mayer, B. (2005), S. 19

nehmung tritt insbesondere bei Entscheidungen mit hohem Commitment[96] auf, die sich im Nachhinein als ungünstig herausstellen. Die selektive Wahrnehmung stellt eine Art Selbstschutz dar.[97]

3.2.2.3 Kontrollbedürfnis

Das Streben nach Kontrolle stellt ein wichtiges psychologisches Grundbedürfnis dar.[98] Eine Situation zu überschauen und im Griff zu haben steigert das eigene Selbstwertgefühl, wohingegen ein Verlust der Kontrolle einen schädlichen Einfluss auf das Wohlbefinden haben kann.[99] Das Kontrollbedürfnis wird bereits dadurch befriedigt, dass man dem Anschein nach die Situation unter Kontrolle hat. Menschen haben folglich ein Bedürfnis danach, der Überzeugung zu sein, die Lage unter Kontrolle zu haben.[100]
Aus dem Bedürfnis nach Kontrolle resultiert jedoch häufig eine Kontrollillusion. Der Mensch ist davon überzeugt eine Situation zu beherrschen, obwohl dies nicht der Realität entspricht. Liegt beispielsweise ein Spekulant mehrmals hintereinander mit seinen Anlageentscheidungen richtig, so beginnt er seine Fähigkeiten zu überschätzen und geht Risiken ein, die er ohne Kontrollillusion nicht bereit gewesen wäre einzugehen.[101] Dieses überhöhte Vertrauen in die eigenen Fähigkeiten führt zu einer verzerrten Wahrnehmung und lässt den Marktteilnehmer irrational agieren.[102]

3.2.2.4 Die drei Typen von Marktteilnehmern

Marktteilnehmer lassen sich hinsichtlich ihres Anlageverhaltens klassifizieren. So unterscheidet man zwischen dem intuitiven „Bauchmenschen“, dem emotionalen „Herzmenschen“ und dem rationalen „Kopfmenschen“.[103]
Der „Bauchmensch“ handelt intuitiv „aus dem Bauch heraus“ und beschränkt sich bei seinen Anlageentscheidungen vorwiegend auf einen kurzfristigen Zeithorizont. Grundsätzlich analysiert er weniger und verlässt sich bei seinen Entscheidungen auf sein Bauchgefühl. Typische Beispiele für den „Bauchmenschen“ stellen Daytrader

---

96 Eine Entscheidung mit Commitment besteht dann, wenn man an der getroffenen Entscheidung hängt. Je stärker die Bindung, desto höher das Commitment.
97 Vgl. Bergold, U. / Mayer, B. (2005), S. 126 ff.
98 Vgl. Goldberg, J. / Von Nitzsch, R. (2004), S. 140
99 Vgl. ebd., S. 141
100 Vgl. Osnabrügge, G. et al. (1998), S. 127 ff.
101 Vgl. Goldberg, J. / Von Nitzsch, R. (2004), S. 154
102 Vgl. ebd., S. 153
103 Vgl. ebd., S. 174

dar, die unmittelbar auf Ad-hoc-Meldungen oder Gerüchte reagieren. Auch Händler in Devisen- und Aktienbüros repräsentieren den typischen „Bauchmenschen". Der „Bauchmensch" neigt dazu, auf Heuristiken zurückzugreifen um komplexe Sachverhalte rasch zu vereinfachen.[104]

Der emotionale „Herzmensch" ist besonders bestrebt, positive Gefühle zu verstärken und negative Gefühle zu unterdrücken. So trifft er Anlageentscheidungen bevorzugt im Team. Dies hat für ihn den Vorteil, dass die verschiedenen Meinungen gemeinsam reflektiert werden und er sich im Falle eines Verlusts auf den Irrtum der gesamten Gruppe berufen kann. Er kann hierdurch Verantwortung abtreten und steigert sein Wohlbefinden. Der „Herzmensch" mit seinem ausgeprägten Harmoniebedürfnis wird stets danach streben, Dissonanz zu vermeiden. Er hängt emotional an seinen getroffenen Entscheidungen und wird Informationen bevorzugen, die seine Entscheidung bekräftigen, während er der Entscheidung widersprechende Aspekte ignoriert. Er wird demnach sehr lange zögern bis er Verluste realisiert.

Der „Herzmensch" konzentriert sich vor allem auf einen mittelfristigen Zeithorizont. Berater, Vermögensverwalter und Fondsmanager gelten mit ihrem gewöhnlich mittelfristigen Engagement als typische „Herzmenschen".[105]

Der rationale „Kopfmensch" strebt eine stetige, weitgehend sichere und langfristig ausgerichtete Kapitalvermehrung an. Im Vergleich zum Bauch- und „Herzmenschen" agiert er sachlich-rational und stützt sein Handeln auf fundierte Informationen und Prognosen. Er ist lernbegierig und holt vor Entscheidungen ausführlich Informationen und Analysen ein, wodurch sein ausgeprägtes Kontrollbedürfnis befriedigt wird.[106]

Der „Kopfmensch" ist allerdings auch sehr risikoavers veranlagt und neigt dazu, im Status Quo zu verharren. Er handelt selten vorschnell und überschätzt seine Kontrollfähigkeiten nicht. Aus Angst vor Fehlentscheidungen zögert er Entscheidungen häufig hinaus und handelt sehr wenig. Durch seine ausgeprägte Risikoaversion entgehen ihm womöglich lukrative Investitionsmöglichkeiten. Der typische Kopfmensch findet sich unter Analysten und grundsätzlich langfristigen Anlegern.[107]

---

[104] Vgl. Goldberg, J. / Von Nitzsch, R. (2004), S. 175 ff.

[105] Vgl. ebd., S. 181 ff.

[106] Vgl. ebd., S. 188 - 192

[107] Vgl. ebd., S. 188 - 192

	Bauchmensch	Herzmensch	Kopfmensch
Typischer Personen-kreis	Händler, Day Trader	Berater, Vermögens-verwalter, Fondsmanager,	Analyst
Zeithorizont	Kurzfristig	Mittelfristig	Langfristig
Hauptmotiv	Schnelle Ergebnisse, Erhaltung des Erreichten	Dissonanzfreiheit	Kontrolle
Besondere Anfälligkeit für...	Heuristiken, Orientierung an Einstandspreisen	Selektive Wahrnehmung, Festhalten an Entscheidungen	Selektive Wahrnehmung, Angstvermeidung

Tabelle 2: Übersicht über die verschiedenen Typen von Marktteilnehmern[108]

Kaum ein Marktteilnehmer wird mit absoluter Genauigkeit in eines der geschilderten Schemata passen. So kann nicht festgehalten werden, dass jeder Analyst Kopfmensch und alle Daytrader Bauchmenschen sind. Der menschliche Charakter ist zu vielseitig und so wird man weitestgehend Mischtypen der hier dargestellten Formen finden. Dennoch trifft mit hoher Wahrscheinlichkeit die ein oder andere Kategorie mehr oder weniger auf den jeweiligen Marktteilnehmer zu.[109]

Weiterhin sind ebenfalls die jeweiligen Zeithorizonte dem „Bauchmensch", „Herzmensch" oder „Kopfmensch" nicht vollständig starr zugeordnet. So können Marktteilnehmer durchaus gleichzeitig kurz- und langfristig in verschiedenen Engagements tätig sein.[110]

108 Eigene Darstellung in Anlehnung an: Goldberg, J. / Von Nitzsch, R. (2004), S. 193

109 Vgl. Goldberg, J. / Von Nitzsch, R. (2004), S. 192 f.

110 Vgl. ebd., S. 192 f.

3.3 Die praktische Relevanz der Behavioral Finance

Die Behavioral Finance Theorie weist als verhältnismäßig junger Forschungsansatz einen Bedarf an tiefgreifenden Forschungsaktivitäten und Weiterentwicklungen auf. Kritiker beklagen das fehlende theoretisch fundierte Grundgerüst und monieren, die Behavioral Finance Theorie wirke wie eine Aneinanderreihung gesammelter Beobachtungen von Finanzmarktanomalien. Die Vielfalt und Komplexität der sozialen und psychologischen Faktoren unterstreicht die Schwierigkeiten, die der Behavioral Finance nach wie vor anhaften.
Aller Widerstände zum Trotz liefert die Behavioral Finance einen wertvollen Beitrag zur Erklärung irrationalen Verhaltens und somit zur Entstehung spekulativer Blasen. Sie erweitert die moderne Kapitalmarkttheorie um soziale und psychologische Erkenntnisse und dient als Basis für das erweiterte Ziel, das Geschehen an den Kapitalmärkten besser darzustellen.
Die Tatsache, dass ökonomische Faktoren die wichtigste Einflussgröße auf die Preisbildung darstellen, bleibt weiterhin bestehen."[111] Dennoch kommt es bei der Entwicklung spekulativer Blasen zu einer signifikanten und systematischen Diskrepanz zwischen Preis und Fundamentalwert eines Wertpapiers. Aus Sicht effizienter Märkte, als auch aus der Sicht der Behavioral Finance liegt das Hauptaugenmerk darauf, spekulative Blasen zu identifizieren und durch gegenläufige Geschäfte auszunutzen. Durch einen Spekulationsboom überbewertete Wertpapiere sind demnach durch unterbewertete, zukunftsträchtige Papiere zu ersetzen.[112]
Die Behavioral Finance kann durch Aufdeckung menschlich irrationaler Verhaltensweisen dazu beitragen, solche Entwicklungen zu erkennen und das eigene Entscheidungsverhalten zu verbessern.[113] Ist man sich beispielsweise der Existenz des Dispositionseffekts bewusst, also der menschlichen Tendenz, Gewinne zu früh zu realisieren während Verluste „ausgesessen" werden, so kann man rechtzeitig gegensteuern. Auch Kenntnisse über Heuristiken, das Streben nach Dissonanzfreiheit und die Existenz von Kontrollillusion können helfen, optimierte Entscheidungen zu treffen.[114]

---

[111] Vgl. Roßbach, P. (2001), S. 23
[112] Vgl. Daxhammer, R. (2005), S. 14
[113] Vgl. Goldberg, J. / Von Nitzsch, R. (2004), S. 28
[114] Vgl. ebd., S. 92 ff.

4 Asset Allocation

4.1 Grundlagen

4.1.1 Begriffsbestimmung

Unter Asset Allocation versteht man einen Teilbereich des meist weiter gefassten Asset Managements.[115]

> *Als Asset Allocation bezeichnet man allgemein die optimale Aufteilung (Allocation) eines gegebenen Anlagebetrags auf die zur Anlage in Frage kommenden Vermögensgegenstände (Assets). Die Aufteilung soll den Zielsetzungen, dem Anlagehorizont und der Risikotoleranz des Investors sowie den sonstigen Restriktionen und rechtlichen Vorschriften der Vermögensanlage möglichst gut entsprechen.*[116]

Empirische Studien belegen, dass 90% der Performance[117] auf die passende langfristige Gewichtung der Assets zurückzuführen ist, was die Relevanz einer professionellen Asset Allocation unterstreicht.[118] Der Begriff der Asset Allocation beschreibt einerseits den detaillierten Prozess der Vermögensaufteilung als auch das Resultat aus der Aufteilung des Anlagebetrags auf verschiedene Assetklassen.

Für den zu investierenden Anlagebetrag kommen grundsätzlich eine Reihe verschiedener Anlageformen in Betracht. So reichen die Investitionsmöglichkeiten von Wertpapieren wie Aktien oder Anleihen über Immobilien bis hin zu Kunstgegenständen.[119] Im Allgemeinen fokussiert sich die Asset Allocation jedoch nicht auf Einzeltitel, also einzelne Aktien oder Grundstücke, sondern auf sogenannte Assetklassen. Die einzelnen Segmente der Finanztitelmärkte werden als Assetklasse bezeichnet. Sie definieren Kategorien von Anlagemöglichkeiten wie zum Beispiel US-Staatsanleihen, im EuroStoxx 50 notierte Aktien oder europäische Immobilien. Die verschiedenen Assetklassen weisen wiederum unterschiedliche Ertrags-Risiko-Charakteristika auf.[120]

---

[115] Vgl. Büschgen, H. (2012), S. 77

[116] Vgl. Rudolph, B. (2003), S. 4

[117] Performance bezeichnet die Wertentwicklung einer Kapitalanlage, bezogen auf eine bestimmte Referenzperiode. Vgl. Büschgen, H. (2012), S. 786

[118] Vgl. Farshid M. A. / Erkko E. (2012), S. 59

[119] Vgl. Rudolph, B. (2003), S. 4

[120] Vgl. Rudolph, B. (2003), S. 4 ff.

Die Asset Allocation konzentriert sich im Wesentlichen auf die konkrete Auswahl der Assetklassen und die anschließende Gewichtung des Anlagebetrags innerhalb der jeweiligen Assetklasse. Beispielsweise könnte ein Anlagebetrag in Höhe von 100.000 € zu 70% in Dax-Aktien und zu 30% in Geldmarktpapieren angelegt werden. Welche Anlagearten als Asset in Betracht gezogen werden, hängt von den jeweiligen Risikopräferenzen des Anlegers und weiterer regulierender Bestimmungen ab. Ferner spielen vorab definierte Rahmenbedingungen eine Rolle, die meist keinen Bestandteil der Asset Allocation darstellen (z.B. Festlegung auf Werte in Eurowährung).[121]
Generell differiert die Vorgehensweise der Asset Allocation vom Ablauf der Einzeltitelauswahl. Bei der Einzeltitelauswahl werden einzelne Aktien auf Basis fundamentaler und technischer Analysen ausgewählt was ohne vorherige Strukturierung in Zufallsportfolios resultiert (Bottom-Up-Ansatz). Der Top-Down-Ansatz der Asset Allocation berücksichtigt dagegen den systematischen Fokus auf der globalen Struktur des Portfolios.

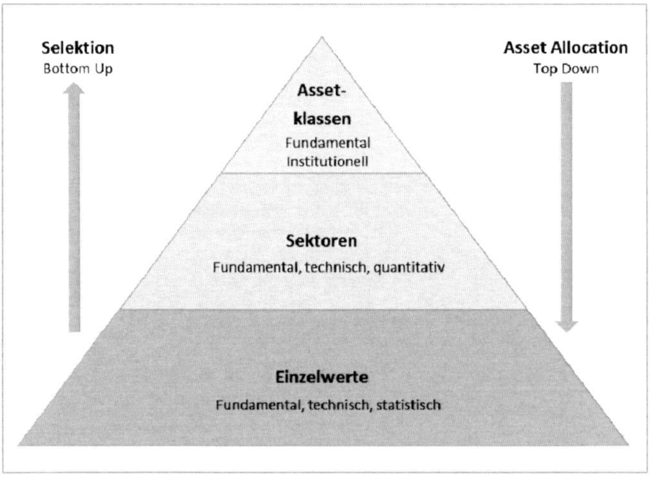

Abbildung 4: Entscheidungsrichtungen der Portfoliobildung[122]

Die beiden gegenläufigen Entscheidungsprozesse zur Strukturierung eines Portfolios schließen sich nicht grundsätzlich gegenseitig

[121] Vgl. ebd., S. 5
[122] Eigene Darstellung in Anlehnung an: Rudolph, B. (2003), S. 6

aus. So existieren in der Praxis Kombinationen aus Top-Down und Bottom-Up-Ansätzen indem beispielsweise der Rahmen des Portfolios „Top-Down“ definiert wird während die Feinsteuerung durch fundamental, technisch oder statistisch fundierte Selektion „Bottom-Up“ vorgenommen wird. Der Vorteil der Asset Allocation besteht in der einfachen Zuordnungsmöglichkeit von Anlegerpräferenzen zu den Ebenen der Portfoliostrukturierung.[123]

4.1.2 Portfolio Selection

Die Prinzipien der Asset Allocation fußen auf den Erkenntnissen der Modernen Portfolio Theorie, als deren Begründer Harry M. Markowitz gilt.
Dieser konnte in seinem weitbeachteten Essay *Portfolio Selection* nachweisen, dass das Ertrags-Risiko-Profil eines Portfolios durch eine gute Mischung der Assets optimiert werden kann. Durch die Anwendung des Diversifikationsprinzips und die damit einhergehende nicht vollständige Korrelation der Wertentwicklungen einzelner Titel, wird das unsystematische Risiko[124] minimiert.[125]
Ausgangspunkt der Untersuchungen war die Feststellung, dass Anleger ihr Vermögen gewöhnlich nicht in ein einzelnes Wertpapier investieren sondern den Anlagebetrag aufteilen und auch in Wertpapieren mit niedrigeren Renditeerwartungen anlegen. Dies widerspricht dem Ziel der reinen Gewinnmaximierung, denn unter dieser Voraussetzung müsste der vollständige Anlagebetrag in das Wertpapier mit der höchsten Renditeerwartung investiert werden.[126]
Harry Markowitz gelang die Quantifizierung des Risikos, indem er die Wahrscheinlichkeitsverteilung der Anlageergebnisse anhand des Erwartungswerts und der Varianz definiert. Aus der adäquaten Kombination zum Teil nicht korrelierender Assets entstehen effiziente Portfolios. Die erwartete Rendite kann nur noch durch das Eingehen zusätzlicher Risiken gesteigert werden. Ein risikoaverser Investor würde bei der Entscheidung zwischen zwei Wertpapierportfolios mit identischem Erwartungswert jenes mit der niedrigeren Standardabweichung (Risiko) präferieren. Umgekehrt bevorzugt er im Falle identischer Standard-abweichungen das Portfolio mit dem höheren Erwartungswert (Rendite). Der Ansatz fußt somit auf dem Erwartungswert-Varianz-Prinzip als Anwendungsfall des allgemei-

[123] Vgl. Rudolph, B. (2003), S. 5
[124] Das unsystematische Risiko kann durch Diversifikation weitestgehend kostenlos eliminiert werden. Das systematische Risiko (*auch: Marktrisiko*) bezeichnet dagegen Risiken, die nicht durch Diversifizierung des Wertpapierportfolios reduziert werden können, vgl. Meyer-Bullerdiek, F. (1999), S. 180
[125] Vgl. Markowitz, H. (1952), S. 77 ff.
[126] Vgl. Rudolph, B. (2003), S. 7

neren Konzepts der Erwartungsnutzen-maximierung für risikoaverses Entscheidungsverhalten.[127]
Das Prinzip der Portfolio Selection war zum Zeitpunkt ihres Erscheinens revolutionär und gilt als Ausgangspunkt der modernen Portfolio-Theorie. Spätere Weiterentwicklungen wie das Capital Asset Pricing Model (CAPM) fußen auf Markowitz' mathematischen Ausarbeitungen.

4.1.3 Das Capital Asset Pricing Model

Das Capital Asset Pricing Model beruht auf Weiterentwicklungen der Portfolio Selection durch Sharpe (1964), Lintner (1965) und Mossin (1966). Das Capital Asset Pricing Model ermöglicht die Quantifizierung und Bewertung von Einzelwertrisiken. Somit können risikoadjustierte Kalkulationszinssätze im Rahmen der Investitions- und Finanzierungs-rechnung bereitgestellt werden.[128]
Das CAPM basiert auf der Grundannahme, dass alle Anleger effiziente Portfolios anstreben. Weiterhin gilt die Bedingung eines Marktes im Gleichgewicht und eines einheitlichen Marktpreises für das Risiko.
Die Kapitalmarktlinie stellt die erwartete Rendite-Risiko-Kombination effizienter Portfolios im Gleichgewicht dar und bildet den Ausgangspunkt des CAPM. Die wichtigsten, der Kapitalmarktlinie zugrunde liegenden, Annahmen sollen kurz dargestellt werden.[129]

1. Annahme eines vollkommenen Kapitalmarkts – insbesondere existieren keine Steuern und Transaktionskosten.

2. Anleger können ihr Vermögen jederzeit und unbeschränkt in einer risikofreien Anlage zum Zinssatz r investieren. Ebenso können jederzeit liquide risikofreie Mittel aufgenommen werden.
3. Die Anleger zeichnen sich durch vollständige und homogene Erwartungen aus. Sie berücksichtigen demnach für ihre Entscheidungsfindung sämtliche Anlageoptionen. Weiterhin schätzen die Marktteilnehmer die Erwartungswerte und Varianzen ähnlich ein und sind alle gleichermaßen gut informiert. Informationsvorsprünge sind im CAPM folglich nicht möglich.

[127] Vgl. Rudolph, B. (2003), S. 8 ff.
[128] Vgl. Schulte, J. / Garz H. (2012), S. 67
[129] Vgl. ebd., S. 67

Die Kapitalmarktlinie impliziert, dass alle Investoren eine Linearkombination aus risikoloser Anlage und Marktportfolio halten. Die verschiedenen Risikopräferenzen der Anleger kommen dabei ausschließlich in der unterschiedlichen Gewichtung der risikolosen Anlage zur risikobehafteten Anlage zum Ausdruck.[130]

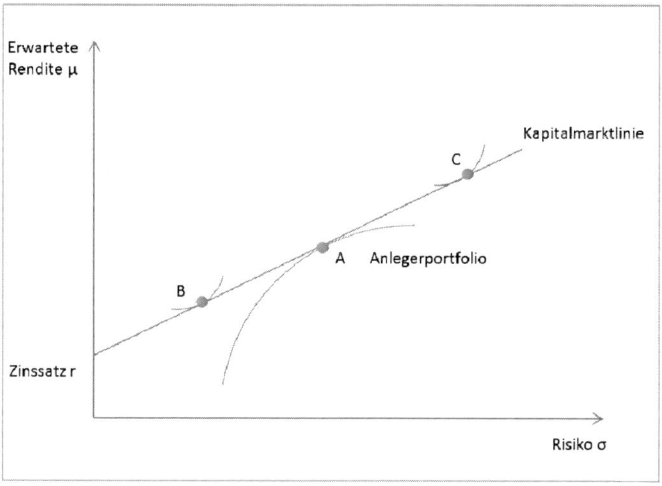

Abbildung 5: Asset Allocation im Capital Asset Pricing Model[131]

Ein besonders risikoaverser Anleger würde sein Vermögen demnach vermehrt zum risikolosen Zinssatz r anlegen (Punkt B auf der Kapitalmarktlinie). Das Portfolio eines besonders risikofreudigen Investors zeigt Punkt C.

Der lineare Zusammenhang zwischen der erwarteten Rendite einer Kapitalanlage und ihrem Beta[132] wird als Wertpapierlinie (WPL) bezeichnet. Die Wertpapierlinie besagt, dass im Marktgleichgewicht nur das systematische Risiko einer Kapitalanlage, mit anderen Worten ihr relativer Beitrag zum Marktrisiko, bewertungsrele-

[130] Vgl. Schulte, J. / Garz H. (2012), S. 67 f.

[131] Eigene Darstellung

[132] Das Beta β im CAPM beschreibt das systematische Risiko (*auch: Marktrisiko*) einer Einzelanlage. Es misst den relativen Beitrag einer Kapitalanlage zum Gesamtrisiko des Portfolios, in dem es sich befindet. Ein $\beta > 1$ beschreibt ein systematisch höheres Risiko eines Investments im Vergleich zum Durchschnitt aller Kapitalanlagen. Umgekehrt bedeutet $\beta < 1$ ein geringeres Risiko.

vant ist. Bei Gültigkeit des CAPM müssen sich alle Wertpapierportfolios auf der WML befinden.[133]
Der hohe Stellenwert des CAPM gründet auf seiner Einfachheit und Plausibilität. Weiterhin ist seine deskriptive Qualität von hoher Bedeutung für seine praktische Akzeptanz.[134]
Die Mängel der Portfolio Selection und des abgeleiteten Capital Asset Pricing Model liegen vor allem in ihren Annahmen. So unterstellen sie den Marktteilnehmern Rationalität und das Streben nach maximaler Nutzenmaximierung. Die Behavioral Finance Theorie zeigt jedoch, dass dieses Verhalten in der Praxis häufig nicht in diesem Ausmaß existiert (Kapitel 3) und signifikante Abweichungen vom Grundmodell der Portfolio Selection bestehen. Die folgenreichste Fehlerquelle des Modells besteht in der Annahme normalverteilter Renditen, welche in der Praxis häufig nicht gegeben ist.

4.2 Die Dimensionen der Asset Allocation

4.2.1 Die Strategische Asset Allocation

Der Fokus der Strategischen Asset Allocation liegt auf der langfristigen Aufteilung des zu investierenden Vermögens auf verschiedene Asset-Klassen und Märkte.[135] Das Hauptaugenmerk der Taktischen Asset Allocation richtet sich dagegen auf die kurz- bis mittelfristige Umsetzung der vorab definierten Anlagepolitik unter besonderer Berücksichtigung der aktuellen Marktgegebenheiten.[136]
Die Strategische Asset Allocation stellt den wohl wichtigsten, wenn auch den am wenigsten ausgereiften Aspekt des Investmentprozesses dar.[137] Diverse empirische Untersuchungen zeigen, dass die in der Strategischen Asset Allocation getroffenen Entscheidungen von zentraler Bedeutung für den zukünftigen Anlageerfolg sind.[138] Der Strategischen Asset Allocation sollte demnach höchste Priorität und Sorgfalt zukommen.
Die Vorgehensweise bei der Strategischen Asset Allocation kann in drei grundlegende Schritte gegliedert werden:[139]

---

133 Vgl. Schulte, J. / Garz H. (2012), S. 68 f.
134 Vgl. Schulte, J. / Garz H. (2012), S. 70
135 Vgl. Rudolph, B. (2003), S. 17
136 Vgl. Günther, S. (2012), S. 213
137 Vgl. Farshid M. A. / Erkko Etula (2012), S. 59
138 Vgl. Brinson, G. et al. (1986), S. 39 ff.
139 Vgl. Günther, S. (2012), S. 174 ff.

1. *Erstellung des Anlegerprofils:*

   Zu Beginn des Strategischen Asset Allocation Prozesses ist ein detailliertes Anlegerprofil zu erstellen. Die jeweiligen Ertrags- und Risikopräferenzen des Anlegers sollten ebenso Bestandteil des Profils sein wie gesetzliche Bestimmungen und die Berücksichtigung feststehender Zahlungsverpflichtungen.

2. *Erstellung des Marktprofils:*

   In einem weiteren Schritt wird unter Berücksichtigung des Anlegerprofils das Anlageuniversum bestimmt. Die grundsätzlich in Frage kommenden Assets werden definiert und dem Investor werden langfristige Chancen und Risiken einer Investition in den einzelnen Assets aufgezeigt.

3. *Bestimmung einer Benchmark:*

   Im letzten Schritt des Strategischen Asset Allocation Prozesses werden das Anlegerprofil und das Marktprofil zusammengeführt und eine Benchmark definiert. Unter der Benchmark versteht man diejenige Position, die der Anleger eingehen würde, wenn er sich nur einmal grundlegend festlegen dürfte. Die Benchmark wird auch als Neutralportfolio bezeichnet und stellt die formale Kombination der Anlagemöglichkeiten dar, die den Nutzen des Investors aller Voraussicht nach langfristig maximiert. Die Definition der Benchmark ist für den langfristigen Anlageerfolg des Investors von größter Bedeutung.

Grundsätzlich sollte die Formulierung der Strategischen Asset Allocation bindend und verlässlich sein und möglichst so konkret erfolgen, dass ein kundiger Dritter ohne nähere Kenntnis der Umstände die Verwaltung des Vermögens übernehmen könnte.[140] Auch in hochvolatilen Phasen dient sie der Politik einer ruhigen Hand und sollte wirtschaftlich sowie psychisch einem Worst-Case-Szenario standhalten.[141]

4.2.2 Die Taktische Asset Allocation

Während der Fokus der Strategischen Asset Allocation auf der Zerlegung des Portfolios in breit definierte Assetklassen liegt,

[140] Vgl. Ellis, C. (1993), o.S.

[141] Vgl. Günther, S. (2012), S. 210

richtet sich das Hauptaugenmerk der Taktischen Asset Allocation auf die kurz- bis mittelfristige Realisierung der vorab festgelegten Anlagepolitik.[142]
Aktuelle Marktentwicklungen und Marktungleichgewichte sollen auf Basis aktiver Prognosen erkannt und gewinnbringend ausgenutzt werden. Die resultierenden Chancen werden genutzt um ein besseres Ergebnis als die Benchmark zu erwirtschaften.[143]
Der Taktischen Asset Allocation liegt die Annahme ineffizienter Märkte zugrunde. Diese Marktungleichgewichte sind in der Grundannahme nur von vorübergehender Natur und weisen eine Tendenz zu einem Wiederausgleich zum Normalzustand auf (*auch: Mean Reversion*). Die Taktische Asset Allocation basiert des Weiteren häufig auf einer antizyklisch ausgerichteten Investmentstrategie. Demnach werden unterbewertete Titel erworben und Überbewertete abgestoßen. Die Umsetzung einer solch antizyklischen Investmentstrategie ist oftmals schwer umzusetzen, da zum Beispiel Aktien in Phasen einer Hausse verkauft werden müssen und der Anlagebetrag in weniger rentable Geldmarktpapiere investiert wird. Umgekehrt werden Titel erworben, deren Kursverlust scheinbar stetig voranschreitet. Da sie gemessen an fundamentalen Daten preiswert erscheinen, wird der Kauf dennoch getätigt.[144]

In der Taktischen Asset Allocation werden die planvollen Über- und Untergewichtungen der Assets als Timing und (Titel-)Selektion bezeichnet:[145]

- *Timing:*

  Timing bezeichnet die Anpassung des Investitionsgrades im Sinne eines temporären Abweichens von der Benchmark-Gewichtung.
  Geldmarktpapiere werden beispielsweise aufgrund positiver Zukunfts-aussichten durch Aktien ausgetauscht. Timing beschreibt marktübergreifende Entscheidungen.

[142] Vgl. Rudolph, B. (2003), S. 17
[143] Vgl. Günther, S. (2012), S. 213
[144] Vgl. ebd., S. 213 ff.
[145] Vgl. ebd., S. 215

- *(Titel-)Selektion:*

  (Titel-)Selektion beschreibt die Auswahl von Einzeltiteln durch den Portfoliomanager unter Berücksichtigung des Diversifikations-gedankens. Dabei spielt seine Erwartungshaltung hinsichtlich der Wertentwicklung des Titels im Vergleich zum Markt eine wichtige Rolle.

Der aktive Gesamtertrag resultiert schließlich aus der Summe von Timing-Ertrag und Selektions-Ertrag.[146]

In der Asset Allocation werden für die Prognostizierung des Ertrags und des erwarteten Risikos stets Schätzwerte benötigt. Die Taktische Asset Allocation greift hierfür auf modellgestützte Prognosen zurück, die Marktungleichgewichte erkennen sollen. Einige Modelle wie absolute und relative Ertragsprognosen sowie approximative Verfahren werden im Folgenden kurz angeschnitten.[147]

1. *Relative Ertragsprognosen:*

   Relative Ertragsprognosen ermöglichen den Vergleich von Assets mit unterschiedlichem Risikoprofil. Durch die Erfassung des meist umfangreichen Datenmaterials in einer Risikoprämien-Matrix wird die Übersichtlichkeit erhöht.

	Euro-Geld	$-Geld	Euro-Renten	$-Renten	Dt. Aktien	US-Aktien
Euro-Geld	-					
$-Geld	1,50 %	-				
Euro-Renten	2,10 %	0,60 %	-			
$-Renten	3,20 %	1,70 %	1,10 %	-		
Dt. Aktien	6,00 %	4,50 %	3,90 %	2,80 %	-	
US-Aktien	5,50 %	4,00 %	3,40 %	2,30 %	-0,50 %	-

Tabelle 3: Risikoprämien-Matrix[148]

[146] Vgl. Günther, S. (2012), S. 215

[147] Vgl. ebd., S. 218 ff.

[148] Eigene Darstellung in Anlehnung an: Günther, S. (2012), S 219.

Die Risikoprämien aller Assets werden relativ zum sicheren Euro-Geldmarktsatz dargestellt. In Abbildung 9 weisen Dollar-Renten beispielsweise eine Risikoprämie in Höhe von 3,2% im Vergleich zum Euro-Geld auf. Die Risikoprämie für Dollar-Renten im Vergleich zum Dollar-Geldmarkt beläuft sich auf 1,7%. Die Belegung aller einbezogenen Titel mit Ertragsschätzungen stellt auch bei Fokussierung auf einige, wenige Märkte eine besonders umfangreiche Herausforderung dar.

2. *Absolute Ertragsprognosen:*

   Absolute Ertragsprognosen werden aus Expertenbefragungen oder quantitativen Modellen abgeleitet. Beispielsweise erhalten Industrieunternehmen Prognosewerte für den US-Dollar durch die Befragung unabhängiger Banken. Weiterhin können *Multiple Regressionen* unter Berücksichtigung marktrelevanter Einfluss-faktoren Ertragsschätzungen liefern.

3. *Approximative Verfahren:*

   Approximative Bewertungsverfahren werden meist zur relativen Bewertung gleichartiger Assetklassen über Ländergrenzen hinweg angewendet (z.B. japanische oder deutsche Aktien). Vor allem wenn keine direkten Ertragsprognosen möglich scheinen, werden die Assets durch Scoring-Modelle nach Attraktivität sortiert. Der resultierende Score stellt noch keine konkrete Ertragsschätzung dar; kann aber in eine solche überführt werden.

Nachdem einige Methoden zur Ertragsschätzung angeschnitten wurden, wird im Folgenden kurz die Vorgehensweise bei der Prognostizierung von Risiken dargestellt.
Risikofaktoren wie die Volatilität und die Korrelationen der Assets untereinander werden gewöhnlich unter Rückgriff auf historische Daten geschätzt. Problematisch ist die Tatsache, dass diese Schätzungen sehr zeitraumabhängig sind. Die Risiken unzutreffender Prognosen sinken jedoch mit steigender Anzahl der Assets in einem Portfolio, da sich die Prognoseungenauigkeiten gegenseitig ausgleichen. Diversifikation stellt somit ein adäquates Mittel zur Verringerung von Prognoserisiken dar.
Schwankungen der Volatilität werden in der Volatilitätsprognose mithilfe dynamischer Modelle registriert. In dynamischen Modellen

werden die Prognosewerte im Zeitablauf adjustiert. Folgende Methoden finden gewöhnlich Anwendung:[149]

- Gleitender Durchschnitt (Moving Average)
- ARCH-Typ (Auto Regressive Conditional Heteroscedasticity)
- Implizite Volatilitäten

Zur Schätzung künftiger Volatilitäten wurde der Volatilitätsindex VDAX entwickelt. Dieser scheint exaktere Prognosen zu ermöglichen als die oben erwähnten vergangenheitsbezogenen Methoden.[150]

Die Prognosen zur Korrelation der Assets untereinander erfolgen grundsätzlich nach dem Prinzip der Volatilitätsprognose. Insgesamt lässt sich die Prognose der Korrelationen leichter bewerkstelligen, da sich die Korrelationen der Assets im Zeitverlauf nicht so stark ändern wie die Volatilitäten. Demnach führt der Rückgriff auf historische Daten gewöhnlich zu brauchbaren Ergebnissen.[151]

Im Folgenden soll kurz die Asset Allocation nach Asset-Klassen, nach Ländern und Sektoren sowie nach Währungen vorgestellt werden:[152]

- *Asset-Klassen-Allocation:*

  In der Asset-Klassen-Allocation wird eine Überrendite im Vergleich zur Benchmark angestrebt indem planvolle Verschiebungen zwischen den Gewichtungen der Asset-Klassen Aktien, Renten und Liquidität vorgenommen werden.

- *Länder- und Sektor-Allocation:*

  Länder-Allocation bezeichnet das Über- und Untergewichten nationaler Märkte, um gegenüber der Benchmark Mehrerträge zu erzielen. Die Rahmenbedingungen stellen vorab definierte Restriktionen dar. Beispielsweise kann die Länder-Allocation vollständig entfallen wenn vorab das Augenmerk auf Titel eines einzelnen Marktes gelegt wird. Wachsender Beliebtheit erfreut sich die Sektor-Allocation, die in vielen Fällen die Länder-Allocation ergänzt oder ersetzt hat.

---

[149] Vgl. Günther, S. (2012), S. 222 ff.
[150] Vgl. Büschgen, H. (2012), S. 1054
[151] Vgl. Günther, S. (2012), S. 226
[152] Vgl. ebd., S. 227 ff.

Anwendung findet sie vor allem in homogenen Wirtschaftsräumen wie der Eurozone, da hier die klassische Länder-Allocation aufgrund ähnlicher Zinsen, ähnlichem Wachstum und identischer Währungsentwicklung immer weniger möglich ist.

- *Währungs-Allocation:*

  Durch jede getätigte Auslandsinvestition geht ein Investor Risiken aufgrund der Volatilität der Fremdwährung ein. Diesem Währungsrisiko eines internationalen Portfolios steht ein reduziertes Risiko durch eine breitere Diversifikation gegenüber. Währungsrisiken sind vor allem dann problematisch, wenn den Anlagen in Fremdwährung Verbindlichkeiten in heimischer Währung gegenüberstehen.
  Gewöhnlich werden diese Fremdwährungspositionen mit Währungs-termingeschäften beziehungsweise Währungs-Futures und Swaps abgesichert.

Der Erfolg der Taktischen Asset Allocation lässt sich schließlich mit der zu maximierenden *Information Ratio* messen. Der aktive Ertrag wird ins Verhältnis zum relativ zur Benchmark eingegangenen Risiko gesetzt.[153]

$$\mathrm{IRP} = \frac{E[\mathrm{Rp} - \mathrm{Rbm}]}{\mathrm{TEp}} = \frac{E(\mathrm{Ra})}{\sigma(\mathrm{Ra})}$$

Im Zähler steht die prognostizierte Differenz aus Portfolio- und Benchmarkertrag. Im Nenner findet sich das Abweichungsrisiko welches gewöhnlich als Tracking Error relativ zur Benchmark gemessen wird. Um die Information Ratio weiter zu maximieren, kann eine Abweichung von der Benchmark nur durch einen proportional steigenden Ertrag kompensiert werden.[154]

4.2.3 Aktive und Passive Asset Allocation

Die Aktive Asset Allocation (*auch: Aktives Portfoliomanagement*) basiert auf subjektiven Einschätzungen und Analysen des Portfoliomanagers und resultiert zwangsläufig in Abweichungen von der vorab definierten Benchmark. Aktives Portfoliomanagement erscheint dann aussichtsreich, wenn im Markt temporäre Ineffizienzen bestehen und Überrenditen erzielbar sind. Das Passive Portfo-

[153] Vgl. Günther, S. (2012), S. 215 f.
[154] Vgl. ebd., S. 215 f.

liomanagement sieht hingegen ein „zu effizientes" Umfeld für die Erzielung von Überrenditen und orientiert sich folglich an Indizes.[155] Die wichtigste Form der Passiven Asset Allocation stellt die sogenannte Indexierung dar. Hierunter versteht man die Replizierung eines Markt-index.[156] Im Extremfall könnte ein Index durch ein Portfolio perfekt dupliziert werden. In der Praxis wird dagegen häufig nur eine grundsätzliche Orientierung an der Wertentwicklung eines Index vorgenommen. Ein absoluter Gleichlauf des Portfolios mit dem Index ist kaum zu erreichen da weiterhin Transaktions- und Managementgebühren anfallen. Um diese Abweichung der Wertentwicklung des Portfolios von der des Index zu messen, bedient man sich des Tracking Errors (TE). Der TE bezeichnet die Standardabweichung der Differenz zwischen der Portfolio- und Indexrendite.[157]

Der Vorteil der Passiven Asset Allocation liegt in ihrer Einfachheit, ihrer höheren Transparenz und der vergleichsweise geringen Kosten. Sie stellt demnach eine attraktive Alternative gegenüber dem wesentlich kostenintensiveren aktiven Portfoliomanagement dar. Eine Entscheidung für das aktive Portfoliomanagement sollte des Weiteren nur in Bereichen getroffen werden, in denen der Portfoliomanager große Expertise durch Informationsvorsprünge oder überlegene Urteilsfähigkeit vorweisen kann. Weiterhin steht das aktive Portfoliomanagement stets in Konkurrenz zur passiven Asset Allocation. Die Wahl eines aktiven Fonds sollte dabei nur in Betracht gezogen werden, wenn die höheren Kosten für die Informationsbeschaffung und Auswertung sowie Transaktionskosten durch einen entsprechend höheren Gewinn überkompensiert werden.[158]

Empirische Analysen haben untersucht, ob das passive oder das aktive Portfoliomanagement das Vielversprechendere ist. Studien mit Fokus auf dem US-amerikanischen Markt zeigen, dass in 80% der Fälle aktive Fonds hinter den Ergebnissen der Indexfonds zurückliegen. Die Ursache hierfür sei nicht das fehlende Engagement oder der Informationsmangel der aktiven Portfoliomanager sondern vielmehr, dass zuviele engagiert und sehr gut informiert seien.[159]

---

[155] Vgl. Günther, S. (2012), S. 156 ff.
[156] Vgl. ebd., S. 160
[157] Vgl. Rudolph, B. (2003), S. 20
[158] Vgl. Günther, S. (2012), S. 165
[159] Vgl. Ellis, C. (2010), S. 139

5 Ansätze zur Berücksichtigung spekulativer Blasen in der Asset Allocation

5.1 Mängel der traditionellen Asset Allocation in Zeiten hochvolatiler Kurse

Das Versagen konventioneller Investmentstrategien in Zeiten hochvolatiler Kurse hat zu Desillusionierung und Enttäuschung der Anleger geführt.

Ein aktives Portfolio Management, welches die Assets zum richtigen Zeitpunkt systematisch zwischen den Asset-Klassen umschichtet, könnte Risiken erfolgreich minimieren. Vor größeren Aktienmarktkrisen müsste beispielsweise die Gewichtung risikobehafteter Asset-Klassen reduziert werden um stattdessen mehr in krisenfeste Wertpapiere zu investieren. In der Praxis hat die traditionelle Asset Allocation häufig versagt.

Die Strategische Asset Allocation mit Fokus auf langfristiger strategischer Ausrichtung sowie die Taktische Asset Allocation mit ihrer kurzfristigen aktiven Vorgehensweise scheinen im Hinblick auf die starken Kursverluste Defizite und Weiterentwicklungsbedarf aufzuweisen.[160]

Ein Hauptkritikpunkt an der traditionellen Asset Allocation stellt ihre Statik und unzureichende Flexibilität dar, was häufig zu verspäteten Reaktionen auf Marktereignisse führt. Ein frühzeitiges Gegensteuern ist aber gerade in Zeiten zunehmender Volatilität vonnöten um Verluste zu vermeiden.[161] Die schmerzvollen Kursverluste der letzten Jahre rückten zudem das Risiko als primär zu beachtende Zielgröße in den Vordergrund. Diese Entwicklung steht im Einklang mit Erkenntnissen der Behavioral Finance Theorie, wonach Verluste für den Investor wesentlich stärker wiegen, als Gewinne in gleicher Höhe. Demnach wurden Investmentstrategien entwickelt, deren Fokus verstärkt auf der Vermeidung von Verlusten und der Stabilisierung des Risikoniveaus liegt. Eine kontinuierliche Anpassung der Portfoliozusammensetzung anhand von Risikoparametern ist häufig die Folge.[162]

Im Folgenden werden moderne Ansätze vorgestellt, die der Beschleunigung des Kapitalmarktgeschehens Rechnung tragen und Zeiten hochvolatiler Kurse rechtzeitig berücksichtigen sollen.

---

[160] Vgl. Günther, S. (2012), S. 263 f.

[161] Vgl. Dichtl, H. et al. (2003), S. 181

[162] Vgl. Günther, S. (2012), S. 264 f.

5.2 Risikoorientierte Ansätze zur Berücksichtigung spekulativer Blasen

5.2.1 Die Dynamische Asset Allocation

Die Ernüchterung über den allenfalls mäßigen Erfolg der traditionellen Asset Allocation in Zeiten hochvolatiler Kurse begünstigte die Entwicklung des Portfolio Managements, hin zu flexibleren Methoden, welche die zunehmende Dynamik in den Risiko- und Ertragserwartungen erfassen.[163]

Infolgedessen entstand die dynamische Asset Allocation als Investmentkonzept, welches den Erfolg vermehrt an absoluten Erträgen ausrichtet und unabhängiger von Marktentwicklungen ist. Im Gegensatz zur traditionellen Asset Allocation steht anstatt der erwarteten Rendite vor allem das Risiko im Vordergrund. Risikokontrolle, Risikobegrenzung und Steuerung über Risikogrößen wie den Value at Risk[164] (VaR) und den Constant Value at Risk[165] (CVaR) spielen eine wichtige Rolle und machen dieses Investmentkonzept für risikoaverse Investoren attraktiv.[166] Auch die Entwicklung dieser Risikomaße spiegelt die Entwicklung hin zu einer stärkeren Fokussierung auf das Risiko wieder.

Die dynamische Asset Allocation stellt eine systematisch variable Anlagenmischung dar, die vor allem durch Marktparameter wie Risikokennzahlen gesteuert wird. Ein vorab definiertes System oder ein Algorithmus führt systematische Umschichtungen zwischen den Asset-Klassen weg von der Benchmark aus. Somit führen nicht die geänderten Erwartungen und Prognosen des Portfolio Managers zur Anpassung der Asset-Klassen-Gewichtungen, sondern sich verändernde Daten-konstellationen in Bezug auf vorab definierte Risikogrößen.[167]

---

163 Vgl. Li, X. / Sullivan, R. (2011), S. 29 ff.

164 Der Value at Risk bezeichnet eine Methode zur Berechnung des Verlustpotenzials aus Marktpreisrisiken und spielt heute eine zentrale Rolle in vielen Anlagekonzepten. Er beschreibt den Wert, der mit einer vorher festgelegten Konfidenz, z.B. 95% nicht unterschritten wird. Der VaR stellt eine nach wahrscheinlichkeitstheoretischen Grundsätzen ermittelte Verlustobergrenze dar, die während einer vorgegebenen Haltedauer mit einer bestimmten Wahrscheinlichkeit und einem bestimmten Konfidenzniveau nicht überschritten wird, vgl. Büschgen, H. (2012), S. 1050

165 Der Conditional Value at Risk beschreibt den Durchschnittswert derjenigen Werte, die noch unter dem VaR liegen und dennoch möglich sind, vgl. Günther, S. (2012), S. 268

166 Vgl. Günther, S. (2012), S. 265 ff.

167 Vgl. ebd., S. 269

Ein Kritikpunkt an der traditionellen Asset Allocation war die Feststellung, dass aktive Portfolio Manager häufig nur geringe Abweichungen von der Benchmark wagen und folglich abzüglich Transaktionskosten nur ein benchmarknahes Ergebnis erzielen. Die von einer Benchmark unabhängige Dynamische Asset Allocation hat dagegen den Vorteil, dass sich die Resultate nicht zu sehr an den Marktentwicklungen orientieren. Diese asymmetrische Entwicklung zum Markt soll Verlustrisiken begrenzen und Phasen hochvolatiler Kurse besser umschiffen.[168]
Weiterhin bleibt festzuhalten, dass die Dynamische Asset Allocation nicht bestrebt ist, die Strategische und Taktische Asset Allocation zu ersetzen. Vielmehr soll das traditionelle Portfolio Management durch die Dynamische Asset Allocation sinnvoll ergänzt werden. Ziel ist es, die strategische Asset Allocation (z.B. aufgrund von Asset Liability Studien) mit der taktischen Asset Allocation (z.B. aufgrund von rechtlichen oder bilanziellen Überlegungen) zu einer dynamischen Asset Allocation zu verknüpfen. So kann beispielsweise innerhalb der vorgenommenen Gewichtung der Dynamischen Asset Allocation ergänzend eine Taktische Asset Allocation vorgenommen werden. Alternativ ist ein Festhalten an einer strikt risikofokussierten Dynamischen Asset Allocation ebenso möglich.[169]

Grundsätzlich lassen sich innerhalb der dynamischen Asset Allocation drei Ansätze unterscheiden:[170]

1. **Risikostabilisierung durch Target-Vol oder Constant-VaR**

   Die Risikostabilisierung durch Target-Vol oder Constant-VaR strebt eine möglichst beständige, vorab definierte Portfolio-Volatilität respektive einen konstanten Value at Risk des Portfolios an. Um diese Stabilität des Risikos zu gewährleisten werden Marktrisiken und die Korrelationen der Portfolio-Assets untereinander permanent überwacht. Bei steigender Volatilität (beziehungsweise daraus abgeleitetem steigendem VaR) wird die Gewichtung der risikoreichen Asset Klasse zugunsten krisensicherer Wertpapiere verringert. Sinkt wiederrum das Risiko, so kann die Gewichtung risikobehafteter Assets wie Aktien erhöht werden. Sofern diese Anpassung permanent und zeitnah erfolgt, kann der Value

168 Vgl. Günther, S. (2012), S. 269
169 Vgl. ebd., S. 269 f.
170 Vgl. ebd., S. 270 ff.

at Risk oder ähnliche Risikomaße für gewöhnlich konstant gehalten werden.
Das Ziel dieses Ansatzes ist die Stabilisierung des Portfolios durch eine exaktere Einschätzung des Ausfallrisikos. Die Optimierung des Ertrags rückt folglich hinter die Optimierung des Ausfallrisikos. Studien belegen, dass dieser Ansatz zu einer erfolgreicheren Wertentwicklung des Portfolios führt als bei traditionellen Ansätzen.

2. Risikobudgetierung für das Chance-Asset

Die Risikobudgetierung für das Chance-Asset sieht die Reservierung eines bestimmten Prozentsatzes des Anlagebetrags in ein Risikobudget vor. Dieses Risikobudget wird anschließend in das Chance-Asset, beispielsweise Aktien oder Derivate, investiert. Die Höhe des Budgets kann beispielsweise durch die tolerierte Verlustgrenze des Anlegers oder durch laufende Einzahlungen aus verzinsten Anlagen bemessen werden. Der übrige Anlagebetrag wird in risikolose Anlagen investiert.
Das Ziel der Risikobudgetierung für das Chance-Asset stellt den Vermögenserhalt mit einer relativ strengen Verlustbegrenzung dar. Auch die unter 5.2.3.5 näher erläuterte Constant Proportion Portfolio Insurance (CCPI) wird diesem Ansatz zugeordnet.

3. Marktneutrale, „Beta-Null"-Strategien und Alpha-Porting

Die Eliminierung des systematischen Marktrisikos (*auch: Betarisiko*) wird bei marktneutralen „Beta-Null"-Strategien angestrebt. Um einen Ertrag zu erzielen bedarf es hier einer verlässlichen Renditequelle.
Aktien können beispielsweise durch Titelselektion ausgewählt werden, während durch den Verkauf von Aktien-Index-Futures oder Swaps das systematische Marktrisiko ausgeschaltet wird.
Ist die Voraussetzung eines gut diversifizierten Portfolios sichergestellt, besteht ein Mehrertrag durch die Auswahl der besseren Einzelwerte und die impliziten Zinsen aus dem Derivat. Durch die Derivat-Transaktion wird das Marktrisiko weitestgehend eliminiert, respektive in andere Asset-Klassen verlagert. Der Transfer, der in einer Asset-Klasse erzielten Rendite, auf eine andere Asset-Klasse wird als Alpha Porting bezeichnet.

Ferner zählen auch an absoluten Erträgen ausgerichtete und benchmarkunabhängige Ansätze zu den marktneutralen Ansätzen. Diese sind beispielsweise lediglich darauf ausgerichtet, die Rendite des Geldmarkts zu überflügeln und setzen hierzu verschiedene Asset-Klassen ein.

5.2.2 Die Multi Asset Allocation

Der Ansatz der Multi Asset Allocation erweitert die herkömmliche Portfolioaufteilung in Aktien, Renten und Geldmarktpapiere um ein weitaus größeres Spektrum von Asset-Klassen. Bezeichnend ist die Feingliederung des Portfolios in differenziertere Anlageklassen als in der traditionellen Asset Allocation. Beispielsweise kann die Asset-Klasse Aktien feiner in US-Aktien, Aktien aus Emerging Markets oder europäische Large oder Small Caps unterteilt werden. Renten können nach Staats- und Unternehmensanleihen unterschiedlicher Güte klassifiziert werden.[171]
Die Intention hinter der Multi Asset Allocation ist die Weiterentwicklung des Diversifikationsgedankens um das unsystematische Risiko weitestgehend zu beseitigen.[172]
Die Globalisierung und die damit einhergehende weltweite Verzahnung der Volkswirtschaften und Kapitalmärkte haben zu vermehrten Wechselwirkungen zwischen den etablierten Asset-Klassen geführt. Speziell in Krisenzeiten wie nach dem Platzen einer Spekulationsblase, nehmen diese Korrelationen weiter zu.[173] Durch die Ergänzung des Portfolios um nicht korrelierende Anlagen können Risiken ausgeglichen werden. Portfolios mit einem effizienteren und erfolgversprechenderen Risiko-Rendite-Profil sind die Folge.
Beispielsweise können dem Portfolio klassische Assets wie Immobilen oder Gold aber auch sogenannte „Alternative Investments“ wie Rohstoffe oder Beteiligungen an Hedge Funds oder Private Equity beigemischt werden. Auch auf den ersten Blick ungewöhnlich wirkende Anlagen wie Wald und Farmland, Kunstgegenstände, Wein oder Oldtimer erfreuen sich mittlerweile wachsender Beliebtheit. Gerade nach dem Platzen spekulativer Blasen suchen Anleger nach solchen Investitions-möglichkeiten, die in sich nachvollziehbar und von der Entwicklung der Kapitalmärkte unabhängig sind. Die Voraussetzungen für die Multi Asset Allocation haben sich durch die gestiegene Vielfalt und Verfügbarkeit möglicher Assets an Börsen, Terminmärkten und innerhalb verschiedener Auktionen zunehmend verbessert.[174]

[171] Vgl. Günther, S. (2012), S. 273 ff.
[172] Vgl. Mowat, A. (2009), o.S.
[173] Vgl. ebd., o.S.
[174] Vgl. Günther, S. (2012), S. 273 ff.

Bereits seit Jahren investieren renommierte US-amerikanische Universitäten wie Yale, Harvard oder Stanford ihr milliardenschweres Stiftungsvermögen nach dem Prinzip der Multi Asset Allocation. Ausschlaggebend für ihren Erfolg war die frühzeitige Entdeckung und mutige Beimischung chancenreicher neuer Investmentmöglichkeiten sowie die erfolgreiche Selektion der Titel.[175]

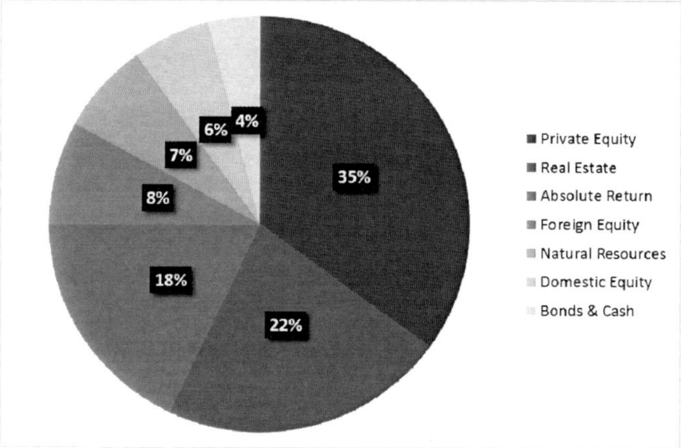

Abbildung 6: Portfoliostruktur der Universität von Yale[176]

Der Fokus der Multi Asset Allocation richtet sich vorwiegend auf die Ebene der Strategischen Asset Allocation. Weniger im Blickpunkt steht dagegen die im Rahmen der Taktischen oder Aktiven Asset Allocation erfolgende Umschichtung zwischen den verschiedenen Asset-Klassen. Ein Grund für das eher geringe taktische und aktive Portfoliomanagement im Rahmen der Multi Asset Allocation ist die oftmals eingeschränkte Liquidität und Handelbarkeit dieser Asset-Klassen.[177]

Fraglich ist, wie schließlich aus einer solchen Vielzahl verschiedener Asset-Klassen ein Portfolio konstruiert werden soll. Wann wird Aktien der Vorzug gegenüber Edelmetallen gegeben? Wann sollte mehr Farmland und weniger Aktien gehalten werden? Und wann

[175] Vgl. Günther, S. (2012), S. 275

[176] Eigene Darstellung in Anlehnung an: Yale Endowment Report (2012)

[177] Immobilien oder Investitionen in Wald oder Farmland haben beispielsweise einen eher langfristigen Anlagecharakter und sind beschränkt liquidierbar.

sollte vermehrt auf Rohstoffe anstatt auf Immobilien zurückgegriffen werden?
Aufgrund der unzureichenden Vergleichbarkeit dieser grundverschiedenen Asset-Klassen greift man in der Praxis häufig auf Heuristiken zurück. Gewöhnlich richtet sich der Fokus auf wenige Asset-Klassen, für die fachkundige Aussagen getroffen werden können. Auch technische Ansätze wie *„Best of N-Konzepte"* finden Anwendung.[178]

5.2.3 Die Portfolio Insurance

Eine Möglichkeit zur Absicherung eines Portfolios gegenüber Finanzkrisen und platzenden Spekulationsblasen bietet die Portfolio Insurance. Das Prinzip der Versicherung gegen jegliche Art von Risiken ist seit jeher bekannt. Überraschenderweise fand dieses Konzept im hochprofessionellen Portfoliomanagement erst seit den 80er Jahren Beachtung. Die vermehrt auftretenden Krisen führten schließlich in der Praxis zur allgemeinen Akzeptanz und Durchsetzung der Portfolio Insurance.[179]
Das Hauptaugenmerk dieses Konzepts liegt auf der Reduzierung des systematischen Risikos (*auch: Marktrisiko*). Die Portfolio Insurance ist darauf angelegt, Verluste zu vermeiden oder zumindest zu reduzieren und gleichzeitig an Kurssteigerungen teilzuhaben.[180]

[178] Vgl. Günther, S. (2012), S. 276 ff.
[179] Vgl. Moriabadi, Cyrus (2012), S. 293
[180] Vgl. Uhlmann, R. (2008), S. 16 f.

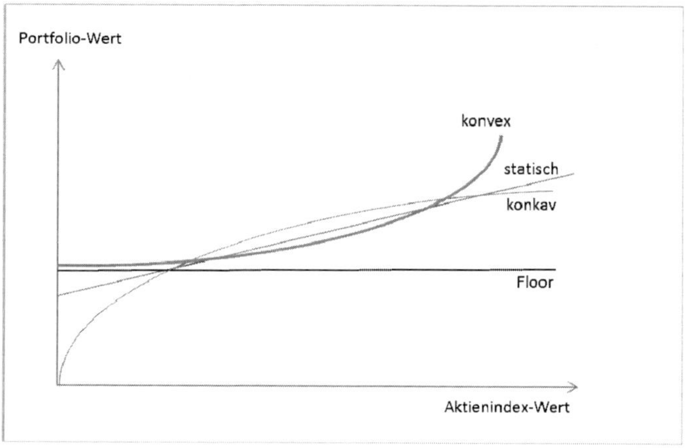

Abbildung 7: Wertverlaufsmuster eines Portfolios[181]

Der konvexe Verlauf der Portfolio-Kurve verdeutlicht das Prinzip der Portfolio Insurance. Die Wertentwicklung unter einen vorab definierten Wert, den sogenannten Floor, soll vermieden werden (*downside protection*). Kurssteigerungen des Aktienmarkts sollen dagegen genutzt werden (*upside participation*).[182]
Grundsätzlich nimmt ein ungesichertes Portfolio an den Kursverlusten des Aktienmarkts ungeschützt teil, da die Wertentwicklung des Portfolios direkt an die Marktentwicklung gekoppelt ist. Kontinuierlich korrekte Prognosen wären vonnöten um dauerhaft eine Rendite zu erwirtschaften. Problematisch ist allerdings die Tatsache, dass dauerhaft korrekte Prognosen auf effizienten Märkten nur schwerlich zu bewerkstelligen sind. Aktienkurse folgen einer undurchsichtigen auf- und abwärts gerichteten Trendlinie (*auch: Random Walk*) was die permanente Treffsicherheit der Prognosen erschwert.[183]
Eine Lösung für die Problematik der unsicheren Prognosen bieten Optionen mit ihren asymmetrischen Renditeverteilungen:[184]

181 Eigene Darstellung in Anlehnung an: Loistl, O. (1992), o.S.
182 Vgl. Aschinger, G. (1993), S. 2 ff.
183 Vgl. Moriabadi, C. (2012), S. 293 f.
184 Vgl. ebd., S. 295 f.

Der Begriff der Option bezeichnet

- die Einigung zweier Parteien,
- die dem Käufer der Option das Recht zugesteht
- eine vorab definierte Menge eines Wertpapiers
- (bis) zu einem bestimmten in der Zukunft liegenden Zeitpunkt
- zu einem vorab festgelegten Preis (Basispreis)
- zu erwerben (Call) oder abzugeben (Put).

Der Verkäufer der Option verpflichtet sich wiederrum gegen den Bezug einer Optionsprämie, der Entscheidung des Käufers Rechnung zu tragen. Die asymmetrische Beschaffenheit der Renditeverteilungen von Optionen kann das Portfolio vor unerwünschten Marktentwicklungen schützen und zugleich die Chancen einer Investition wahren.[185]

Im Gegensatz zu Optionen verpflichten sich bei Futures die Käufer und die Verkäufer, zu einem vorher bestimmten Preis und zu einem vorab definierten Datum eine bestimmte Menge eines Wertpapiers abzunehmen respektive zu liefern.[186]

[185] Vgl. ebd., S. 296
[186] Vgl. Moriabadi, C. (2012), S. 296

Abbildung 12 zeigt die Gewinn-Verlust-Profile einer Aktienanlage, eines Futures und zweier Optionen bei steigenden Kursen.

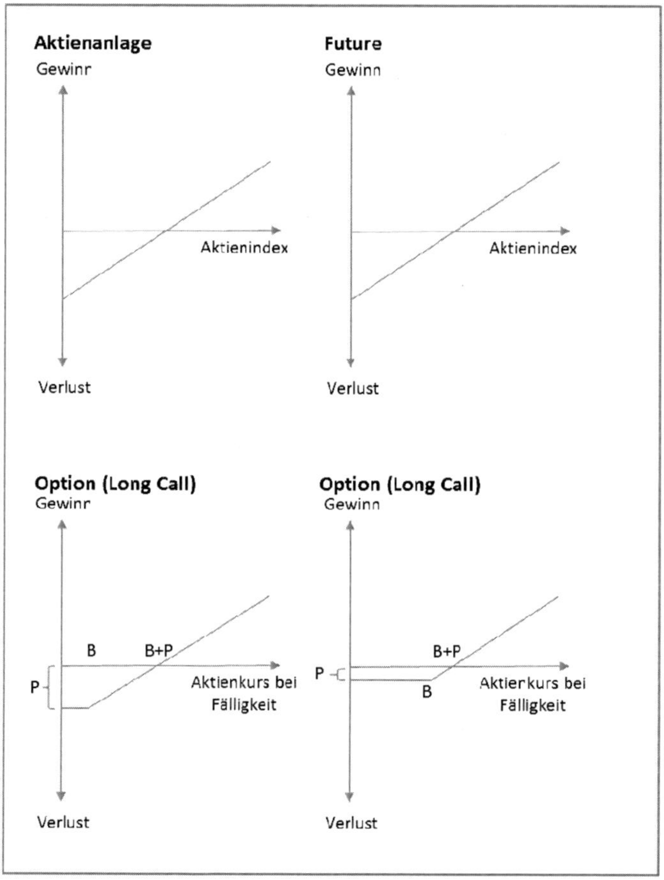

Abbildung 8: Gewinn-Verlust-Profile konkreter Aktien, Futures und Optionen[187]

[187] Eigene Darstellung in Anlehnung an: Moriabadi, C. (2012), S. 298

Es ist deutlich zu erkennen, dass eine Aktienanlage im Vergleich zum Future ein identisches Gewinn-Verlust-Profil aufweist. Dagegen zeigen die beiden unteren Beispiele für den Long Call einer Option (Kaufrecht), dass das Erfolgsprofil der Option umso mehr vom Profil des Futures abweicht, je höher der Basispreis gewählt wird.[188]

Allgemein beschränkt sich das Verlustrisiko des Erwerbers der Option auf die Optionsprämie, wohingegen der Gewinn von der Entwicklung des Aktienkurses über die Gewinnschwelle (Basispreis B + Prämie P) abhängt. Der Verkäufer der Option sieht sich dagegen mit einem theoretisch unbegrenzten Verlustrisiko konfrontiert, da er die Rendite des Käufers zu tragen hat. Die Erlösseite beschränkt sich beim Verkäufer der Option auf die Optionsprämie. Optionen weisen im Vergleich zur Aktienanlage oder zum Future ein asymmetrisches Gewinn-Verlust-Profil sowie ein asymmetrisches Käufer-Verkäufer-Erfolgsprofil auf. In der Praxis des Portfoliomanagements sind gerade diese verschiedenartigen Gewinn-Verlust-Profile und Renditeverläufe von Optionen und Futures von Bedeutung.[189]

Abbildung 13 veranschaulicht den Unterschied der symmetrischen Renditeverteilungen von Aktien und Futures im Vergleich zu den asymmetrischen, schiefen Renditeverteilungen von Optionen.

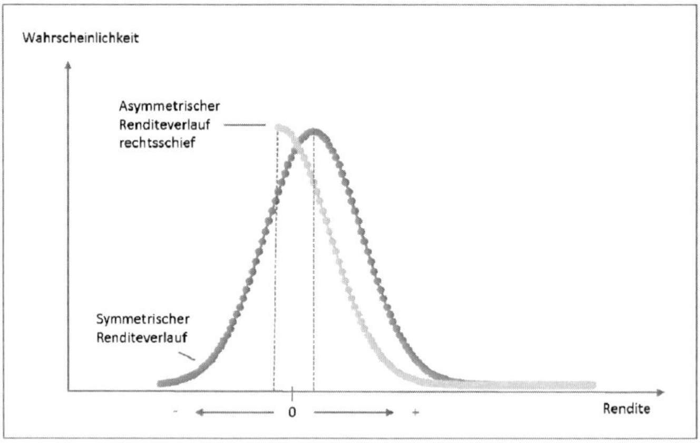

Abbildung 9: Symmetrische und asymmetrische Renditeverteilung[190]

[188] Vgl. Moriabadi, C. (2012), S. 298

[189] Vgl. ebd., S. 298 f.

[190] Eigene Darstellung in Anlehnung an: Uhlmann, R. (2008), S. 17

Theoretisch hat der Käufer einer Option die Chance einen exorbitanten Gewinn zu erzielen. Die Eintrittswahrscheinlichkeit für einen solch hohen Gewinn ist allerdings sehr gering. Umgekehrt trägt der Inhaber einer Option das Risiko eines geringen Verlusts, welcher zudem recht wahrscheinlich ist.[191]
Das gegenläufige Verhältnis der Rendite zur Eintrittswahrscheinlichkeit begründet den eigentlichen Nutzen für das Portfolio Management. Die Verwendung von Optionen ermöglicht die effizientere Feinsteuerung des Risikos einzelner Titel und letztlich des gesamten Portfolios.
Hieraus resultiert eine breite und fein ausdifferenzierte Ertrags-Risiko-Skala.[192] In Zeiten drohender Kursverluste und zunehmender Volatilität wird der wachsenden Risikoaversion der Anleger Rechnung getragen. Investoren können mit diesem hilfreichen Instrument nahezu jedes gewünschte Erfolgsprofil realisieren. Die meisten Strategien und Ansätze der Portfolio Insurance fußen auf dem Prinzip der Asymmetrie, da sie einen konvexen Wertverlauf des Portfolios ermöglichen.[193]
Im Rahmen der Portfolio Insurance lassen sich schließlich noch statische Strategien von dynamischen Strategien abgrenzen.
Statische Strategien weisen „Buy and Hold"-Charakter auf. Die anfangs gewählte Allokation der Assets bleibt bis zum Ende des Anlagezeitraums unverändert und aktive Umschichtungen werden gewöhnlich nicht vorgenommen. Daher wird der Anlagezeitraum begrenzt oder an einen vorab definierten Kurs gebunden. Wird das bestimmte Kursniveau erreicht, so wird das risikobehaftete Asset abgestoßen.[194]
Im Gegensatz zu statischen Portfolio Insurance Strategien wird bei dynamischen Strategien durch die permanente Umschichtung zwischen risikolosen und risikobehafteten Assets ein konvexes Auszahlungsprofil erreicht. Die Portfoliozusammensetzung wird durch prozyklische Reaktionen auf Kursbewegungen des Marktes bestimmt.
Steigt beispielsweise der Wert des risikobehafteten Assets im Vergleich zum risikofreien Asset, so wird das Portfolio zugunsten der risikobehafteten Anlage umgeschichtet. Umgekehrt findet bei einem Kursverlust des risikobehafteten Assets eine Umschichtung zugunsten des risikofreien Assets statt.[195]

---

[191] Vgl. Moriabadi, C. (2012), S. 298 f.
[192] Vgl. Fischer, D. (1982), o.S.
[193] Vgl. Moriabadi, C. (2012), S. 299 ff.
[194] Vgl. Uhlmann, R. (2008), S. 19
[195] Vgl. ebd., S. 19

5.2.3.1 Stop-Loss Strategien

Die am einfachsten zu realisierende Portfolio Insurance Strategie stellt das Stop-Loss-Limit dar.[196]

Der Anlagebetrag wird anfangs in vollem Umfang in das risky Asset (RA), beispielsweise Aktien, investiert. Sinkt der Aktienkurs auf den Barwert des vorab definierten Floors, werden die Aktien abgestoßen. Der Verkaufserlös wird umgehend in eine risikolose Anlage investiert und somit ein Mindestwert des Portfolios sichergestellt. Weitere Verluste werden ebenso wie Gewinnchancen durch sich erholende Kurse verhindert.[197]

Die Eignung von Stop-Loss Strategien für das Portfolio Management wird heute stark angezweifelt da dieser Ansatz als ineffizient und veraltet gilt. Diese Strategie stößt beispielsweise bei kollabierenden Spekulations-blasen mit einhergehenden Kursstürzen an ihre Grenzen. Fällt der Aktienkurs praktisch über Nacht in die Tiefe, sind Unterschreitungen des Floors möglich.[198]

Einen weiteren Nachteil der Stop-Loss-Strategie stellen ihre Pfadabhängigkeit und ihr statischer Charakter dar. Einerseits möchte man seine Wertpapiere bei fallenden Kursen so schnell wie möglich veräußern.

Andererseits könnte der Aktienkurs nach kurzfristigen Marktausschlägen unter das vorab definierte Limit zu weiteren Kurssteigerungen ansetzen. Die Aktien wären zu diesem Zeitpunkt bereits veräußert und das Portfolio würde nicht mehr von gewinnträchtigen Kurssteigerungen profitieren.

Um dies zu verhindern wurden strategische Abwandlungen entwickelt, die im Falle wieder steigender Kurse das Aktienengagement erneut aufnehmen.[199]

Indexähnliche Portfolios bieten den Vorteil, dass nicht für jeden einzelnen Titel ein Stop-Loss-Kurs definiert werden muss. Für diesen Fall haben sich Stop-Loss-Varianten mit Aktien-Index-Futures etabliert. Der Vorteil dieser Methode ist in den deutlich geringeren Transaktionskosten zu sehen. Ferner ist dieser Ansatz weniger zeit- und überwachungs-aufwändig. Eine Alternative zum Einsatz von Futures stellen Exchange Traded Funds dar. Im Jahr 2007 wurden Short Indizes (Short ETFs) eingeführt und mit ihnen eine neue Basis für Absicherungssysteme geschaffen. Short-Indizes bezeichnen die inverse Performance eines traditionellen Index. Vorteilhaft ist die geringe Mindestanlagesumme und dass sich dank der kleinen Beträge, Spitzen im Aktienvolumen detaillier-

[196] Vgl. Aschinger, G. (1993), S. 2 ff.

[197] Vgl. Uhlmann, R. (2008), S. 21

[198] Vgl. ebd., S. 21

[199] Vgl. Moriabadi, C. (2012), S. 326

ter steuern lassen. Nachteilig sind dagegen die performancemindernden Verwaltungskosten.[200]

5.2.3.2 Protective Put

Der Protective Put basiert auf dem Einsatz derivativer Finanzinstrumente. Durch den Erwerb von Putoptionen wird das Aktienportfolio vor Kursverlusten geschützt.[201]
Der Nutzen des Protective Put liegt darin begründet, dass bereits zu Beginn des Aktienengagements der Portfolio-Mindestwert (*Floor*) bestimmt werden kann.[202] Die Höhe des Floors ergibt sich aus dem Basispreis abzüglich des Optionspreises und der Transaktionskosten für den Put. Vorteilhaft ist die Tatsache, dass ein den Floor übersteigendes Downside-Risk nicht existiert. Dagegen ist allerdings auch die Rendite im Vergleich zu einem ungesicherten Portfolio um die Höhe der Optionsprämie und der Transaktionskosten vermindert.
Liegt der Wert des Portfolios am Verfallstag unter dem Basispreis, so werden die Put-Optionen veräußert und die Gewinne realisiert. Steigen dagegen die Kurse, profitiert das Portfolio in vollem Umfang vom Kurswachstum.[203]

Prinzipiell existieren zwei Varianten eines Protective Puts:[204]

1. Die erste Variante besteht im Kauf von Index Puts, deren Wertverlauf der Marktentwicklung weitestgehend gleicht. Die Wahl dieser Variante ist nur dann zu empfehlen, wenn die Gewichtung und Struktur des Portfolios der des Index Puts ähnelt. Bei gänzlich unterschiedlichen Zusammensetzungen ist dieser Ansatz nicht zielführend, da das Risiko von Abweichungs-fehlern besteht.

2. Die zweite Variante sieht den Kauf einzelner Puts für jede Position des Portfolios vor. Hierdurch wird ein Portfolio generiert, welches für jeden Titel eine individuelle Absicherung vorweist. Höhere Absicherungs- und Transaktionskosten sowie der damit verbundene Zeitaufwand sind die wesentlichen Nachteile dieser Variante

[200] Vgl. Moriabadi, C. (2012), S. 323 ff.
[201] Vgl. Uhlmann, R. (2008), S. 21
[202] Vgl. Moriabadi, C. (2012), S. 326
[203] Vgl. Uhlmann, R. (2008), S. 22
[204] Vgl. Moriabadi, C. (2012), S. 327 f.

Die Kursschwankungen von Indizes fallen gegenüber Einzeltiteln aufgrund der höheren Diversifikation grundsätzlich geringer aus. Aus diesem Grunde sind Index-Optionen preislich günstiger erhältlich als Optionen auf Einzeltitel. Folglich sind Index-Optionen den Aktienoptionen in jedem Fall vorzuziehen.[205]

5.2.3.3 Portfolio-Insurance mit Calls

Bei der Portfolio-Insurance mit Calls lassen sich Long Calls von Short Calls unterscheiden. Long Calls ermöglichen es dem Portfolio Manager, voll gesicherte Kassa-Positionen zu replizieren. Umgekehrt kann durch einen Short Call eine beachtliche Spannbreite von Teilsicherungen vorgenommen werden.[206]

Long Calls ahmen Gewinn-Verlust-Profile nach, wie sie für Aktienportfolios typisch sind, die mit einem Protective Put gesichert sind.[207] Der Anlagebetrag wird zu einem Teil in risikolose und zum anderen Teil in risikobehaftete Anlagen aufgeteilt. In die risikofreien Anlagen, wie zum Beispiel festverzinsliche Wertpapiere, wird der Betrag in Höhe des diskontierten Floors investiert. Der restliche Anlagebetrag wird in Long Calls auf Aktien- oder Indexoptionen angelegt.[208]

Die risikofreie Anlage und die aus dieser Anlage stammende Rendite ergeben zusammen, abzüglich der gezahlten Call-Gebühr, den Floor. Ein Verlustrisiko über den Floor hinaus besteht nicht. Zudem profitiert das Portfolio weiterhin von steigenden Aktienkursen.[209]

Verglichen mit Long Calls, erlauben Short Calls lediglich eine unterschiedlich ausgestaltbare Teilsicherung.[210]

Dieser Ansatz bezeichnet ein Aktienengagement welches mit einem Short Call verbunden ist (*auch: Covered Call*). Durch die Veräußerung des Calls wird das Aktien-Exposure im Rahmen der Prämieneinnahme reduziert. Die Höhe der Prämie ist umso höher, je tiefer der Basispreis gewählt wird.

Short-Call-Strategien sind kostenlos. Getrübt wird dieses Bild allerdings durch die Tatsache, dass diese kostenlose Absicherung mit der Aufgabe von Chancen „erkauft“ wird. Short Calls, deren Ausübungspreis signifikant unter dem Marktpreis des Assets liegt (*auch: deep in the money*), haben den Nachteil, dass durch das Streben nach Verlustreduktion in überproportionalem Ausmaß auf Gewinnmöglichkeiten verzichtet werden muss.

---

[205] Vgl. Moriabadi, C. (2012), S. 327
[206] Vgl. ebd., S. 336
[207] Vgl. ebd., S. 336
[208] Vgl. Uhlmann, R. (2008), S. 24
[209] Vgl. Moriabadi, C. (2012), S. 336
[210] Vgl. Mc Millan, L. (1986), o.S.

Die Motivation für den Schutz eines Portfolios über Short Calls liegt meist in der Markteinschätzung des Portfolio Managers begründet. Sind seit längerem Kurssteigerungen zu verzeichnen und ist das Renditepotential im Rahmen der einfachen Standardabweichung bereits ausgeschöpft, so kann durch einen Short Call noch am Auslaufen des Trends partizipiert werden. Der Stillhalter profitiert von einem sich anschließenden Seitwärtsmarkt, indem ihm der kontinuierliche Zeitwertverfall des Calls entgegenkommt.[211]

5.2.3.4 Synthetischer Put

Im Gegensatz zu den bisher dargestellten statischen Strategien stellt der synthetische Put eine dynamische Absicherungsstrategie dar.

Der Nachteil statischer Strategien liegt in ihrer unzureichenden Anpassung an das sich permanent verändernde Marktgeschehen. Diese Unzulänglichkeit wird durch dynamische Strategien geschlossen. Im Gegensatz zu den statischen Strategien passen sie sich permanent den wandelnden Sicherheitserfordernissen an.[212]

Der synthetische Put beruht auf einer prozyklischen Handelsregel, die sich auf die Optionspreis-Theorie stützt. Beständige Umschichtungen zwischen risikobehafteten und risikolosen Anlagen konstruieren eine synthetische europäische Put-Option auf das risikobehaftete Asset.[213] Für die Absicherung eines Aktien-Portfolios eignet sich ein nach diesem Prinzip nachgebildeter synthetischer Put in gleichem Maße wie ein echter Put-Kontrakt.[214] Abbildung 14 veranschaulicht das Prinzip eines synthetischen Puts.

---

[211] Vgl. Moriabadi, C. (2012), S. 339 ff.

[212] Vgl. ebd., S. 341

[213] Vgl. Uhlmann, R. (2008), S. 26

[214] Vgl. Moriabadi, C. (2012), S. 341

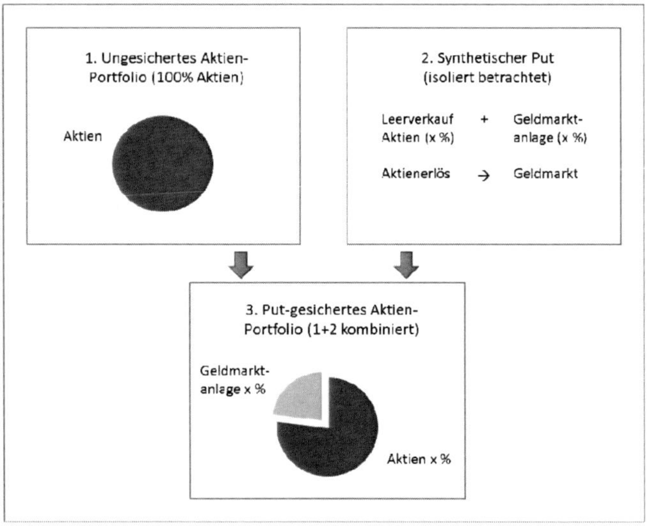

Abbildung 10: Die Portfolio Insurance durch einen synthetischen Put[215]

Generell handelt es sich bei der Absicherung eines Aktien-Portfolios durch einen synthetischen Put um die systematische Regulierung des Investitionsgrades in Aktien und nicht um die Konstruktion einer echten Put-Position.[216]

Die grundlegende Kenntnis über die Funktionsweise eines synthetischen Puts ist in der Praxis bei weitem wichtiger als die Kenntnis der genauen Berechnung, da diese im Portfolio Management an die EDV delegiert wird. Folgendes Praxisbeispiel zeigt die Beimischung eines synthetischen Puts zu einer existierenden Aktienposition mit dem Ziel der Nachbildung eines Put-gesicherten Aktien-Portfolios.[217]

Zu unterschiedlichen Zeitpunkten und unterschiedlichen Kursniveaus berechnet ein Optionspreisrechner die Delta-Werte[218] für konkrete Put-Optionen. Aufgrund ihrer Sicherungseigenschaft wird

215 Eigene Darstellung in Anlehnung an: Moriabadi, C. (2012), S. 342
216 Vgl. Moriabadi, C. (2012), S. 342
217 Vgl. ebd. (2012), S. 343
218 Die Kennzahl Delta drückt die Sensitivität des theoretischen Optionswertes in Abhängigkeit von der Änderung des Preises des Basiswerts aus. Das Delta variiert bei Verkaufsoptionen zwischen Null und Minus Eins.

für diesen fiktiven Aktienindex ein Floor von 8.800 Indexpunkten sichergestellt.

Kursniveau	Restlaufzeit in Tagen bis zum Planungshorizont			
	360	270	180	90
10.400	-0,06270	-0,04491	-0,02373	-0,00399
10.200	-0,08404	-0,06443	-0,03852	-0,00911
10.000	-0,11260	-0,09155	-0,06067	-0,01964
9.800	-0,15002	-0,12865	-0,09449	-0,04011
9.600	-0,19960	-0,17839	-0,14427	-0,07766
9.400	-0,26251	-0,24688	-0,21506	-0,14330
9.200	-0,34400	-0,33837	-0,31893	-0,25565
9.000	-0,47800	-0,47400	-0,46300	-0,43920
Floor = 8.800	-1	-1	-1	-1

Tabelle 4: Delta in Abhängigkeit von Kursniveau und Restlaufzeit[219]

Der Kurs (10.000) und die Restlaufzeit (270 Tage) bestimmen den zugehörigen Delta-Wert (-0,09155). Dieser gibt die Menge zu veräußernder Aktien (9,155%) sowie den Investitionsgrad (90,845%) an.[220]
Als Resultat der Steuerung des Investitionsgrades erhält man das Profil eines Aktienportfolios mit Put-Sicherung. Der vorab definierte Floor in Höhe von 8.800 Index-Punkten ist sichergestellt. Um diesen zu gewährleisten bedarf es bei Änderungen der Restlaufzeit und Kurse einer umgehenden Umschichtung des Portfolios.[221]
Für den Einsatz eines synthetischen Puts sprechen wegfallende Laufzeitprobleme hinsichtlich des Planungshorizonts. Des Weiteren stehen mit diesem Ansatz nun auch Verkaufsoptionen „by duplication“ für index-unähnliche Portfolios zur Verfügung.[222]
Aufgrund ihres prozyklischen Charakters weist diese Strategie in Krisenzeiten Funktionsdefizite auf. Kollabierende Spekulationsblasen laufen beispielsweise in stärkerem Ausmaß ab und stellen somit eine Belastung für die Preisverhältnisse dar. Rechtzeitige Anpassungen sind dann kaum noch möglich. Zudem führen die kontinuierlichen Umschichtungen innerhalb des Portfolios zu er-

[219] Eigene Darstellung in Anlehnung an: Moriabadi, C. (2012), S. 343
[220] Vgl. Moriabadi, C. (2012), S. 343
[221] Vgl. Moriabadi, C. (2012), S. 344
[222] Vgl. ebd. (2012), S. 344

höhten Transaktions-kosten. Auch Index-Futures zur Anpassung des Portfolios können diesen Nachteil nur lindern.[223]

5.2.3.5 Constant-Mix-Strategie und „Constant Proportion"-Portfolio-Insurance

In den letzten Jahren wurden Forschungsaktivitäten im Bereich heuristischer Verfahren intensiviert, die dem Konzept statischer Buy-and-Hold-Strategien überlegen sein sollen. Im Zuge dieser Forschungs-aktivitäten entwickelten sich dynamische Ansätze wie die Constant-Mix-Strategie oder die Constant Proportion-Portfolio-Insurance. Diese haben gegenüber einem Synthetischen Put den Vorteil, dass sie nicht auf der komplizierten Optionspreis-Theorie fußen. Vielmehr wird der Kauf und die Veräußerung von Risikotiteln nach vorab definierten Bestimmungen ausgeführt.
Ziel der Constant-Mix-Strategie (CMS) ist es, den Exposure[224] über den gesamten Anlagezeitraum konstant zu halten. Zur Erreichung dieses Ziels ist eine permanente Umschichtung zwischen Aktien und Geldmarkt-papieren vonnöten.
Bei der CMS handelt es sich um eine antizyklische Strategie, bei der Aktien im Falle von Kurssteigerungen veräußert werden und vice versa. In langfristig steigenden oder fallenden Trendmärkten ist diese Strategie den klassischen Buy-and-Hold-Strategien jedoch unterlegen.
So besteht ein Nachteil der CMS im Vergleich zu Buy-and-Hold-Strategien darin, dass der Aktienbestand des Portfolios in aufwärts gerichteten Trendmärkten zu früh abgebaut wird. In fallenden Trendmärkten erzielt die CMS ähnlich unbefriedigende Resultate. Fallen die Kurse dauerhaft, werden ständig Aktien erworben um das Exposure konstant zu halten. Dabei wird der Aktienanteil zu relativ hohen Kosten vergrößert. Ein Buy-and-Hold-Portfolio würde in fallenden Trendmärkten zwar ebenfalls an Wert verlieren – im Gegensatz zur CMS werden hier allerdings keine Geldmarktpapiere zugunsten von Aktien ersetzt. Der Verlust einer klassischen Buy-and-Hold-Strategie ist demnach in abwärts gerichteten Trendmärkten vergleichsweise geringer.[225]
Ein wesentlicher Vorteil der CMS besteht dagegen in ihrem außerordentlich erfolgreichen Abschneiden in Seitwärtsmärkten.[226] Die

[223] Vgl. Moriabadi, C. (2012), S. 344 f.
[224] Das Exposure beschreibt den risikobehafteten Anteil des Portfoliowerts, vgl. Büschgen, H. (2012), S. 383
[225] Vgl. Moriabadi, C. (2012), S. 345 f.
[226] Seitwärtsmärkte bezeichnen Märkte auf denen kaum größere Kursschwankungen zu verzeichnen sind, vgl. Büschgen, H. (2012), S. 915

volatilen Märkte und die damit einhergehenden kurzfristigen Kursausschläge führen zu einem Renditevorsprung gegenüber statischen Strategien.
Im Gegensatz zu anderen Portfolio-Insurance-Strategien weist die CMS mit ihrem antizyklischen[227] Charakter einen konkaven Ertragskurven-verlauf auf. Dies scheint auf den ersten Blick nicht mit den Zielen der Portfolio Insurance vereinbar zu sein, da diese gewöhnlich einen konvexen Verlauf anstrebt (Kapitel 5.2.3). Berücksichtigt man allerdings die Tatsache, dass Seitwärtsmärkte einen beträchtlichen Teil der Börsen-geschichte darstellen, so hat die CMS durchaus ihren Stellenwert im sicherheitsorientierten Portfolio Management. Dennoch bleibt die Sorge vor steilen Trendmärkten bestehen, welche die Sicherheitssystematik dieses Ansatzes aushebeln würden.[228]
Die „Constant Proportion"-Portfolio-Insurance (CCPI) stellt eine dynamische Strategie dar, welche bestrebt ist steile Trendmärkte auszunutzen. Ihr Ziel besteht darin, mit Portfolio-Umschichtungen einen Floor sicherzustellen und gleichzeitig an Kurssteigerungen zu partizipieren. Im Gegensatz zur Constant-Mix-Strategie weist die CCPI einen prozyklischen Charakter auf. Bei steigenden Kursen, steigt folglich auch das Exposure und umgekehrt[229]
Zu Beginn der Investition steht die Entscheidung über die Aufteilung des Anlagebetrags in risikobehaftete und risikolose Aktien. Hier findet ein Multiplikator[230] Anwendung, der auf die Risikopräferenzen des Investors abgestimmt ist und exakte Aussagen über die optimale Höhe des Exposures ermöglicht.
Aus der Differenz des Gesamtanlagebetrags (V) und dem Floor (F) resultiert der tolerierte Verlustrahmen, der sogenannte Cushion (C). Der Exposure des Portfolios entspricht dem mit dem Multiplikator gewichteten Cushion. Das Exposure lässt sich nach folgenden Formeln bestimmen.[231]

$$\mathbf{C = V - F \text{ sowie } E = m \cdot C}$$

227 Aktien werden bei steigenden Kursen veräußert und bei fallenden Kursen zugekauft

228 Vgl. Moriabadi, C. (2012), S. 346

229 Vgl. ebd., S. 346 f.

230 Es gilt: Multiplikator m > 1. Je höher die Risikofreudigkeit des Anlegers, desto höher der Wert des Multiplikators m. Der Kehrwert des Multiplikators (1/m) gibt an, bis zu welchem Prozentsatz Kursverluste der Aktienbestände toleriert werden, bevor ein Risiko-Stopp greift um den Floor zu schützen.

231 Vgl. Moriabadi, C. (2012), S. 347

Folgendes Beispiel soll das Prinzip der CCPI veranschaulichen:

Ein Anlagebetrag in Höhe von 10 Mio. € wird auf ein Jahr angelegt. Der Investor möchte einen Mindestwert des Portfolios in Höhe von 8 Mio. € sicherstellen (Floor). Das Cushion beläuft sich folglich auf 2 Mio. €. Die Risikopräferenz des Anlegers resultiert im Multiplikator m in Höhe von 1,5. Das Exposure beträgt demnach 3 Mio. €.[232] Der restliche Anlagebetrag wird in Festgeld angelegt. Die Allokation des Anlagevermögens beläuft sich also zu 30% auf Aktien und zu 70% auf Festgeld. Um den Floor sicherzustellen, darf das Aktienportfolio nicht unter 1/3 seines Anfangswerts fallen. Steigt der Aktienmarkt um 10%, beträgt der Wert des Portfolios 10,3 Mio. €.[233] Das Cushion wird demnach auf 2,3 Mio. € erhöht und das neue Exposure beläuft sich auf 3,45 Mio. €.[234]

$C = V - F$	$E = m \cdot C$
V = 10 Mio. €	C = 2 Mio. €
	m = 1,5
F = 8 Mio. €	E = 3 Mio. €

(F = 7 Mio. € Festgeld + 1/3 · 3 Mio. € Aktien im „worst case": (E – C)

Portfolio-Mix: 70% Festgeld und 30% Aktien

Simulation eines 10%igen Aktienanstiegs:

V = 10,3 Mio. €

C = 2,3 Mio. € (10,3 Mio. € - 8,0 Mio. €)

E = 3,45 Mio. € (1,5 · 2,3 Mio. €)

F = 8,0 Mio. €

(F = 6,85 Mio. € Festgeld + 1,15 Mio. € Aktien (E – C)

Portfolio-Mix: 66,5% Festgeld und 33,5% Aktien

Abbildung 11: Die CCPI im Beispielfall[235]

[232] Vgl. Moriabadi, C. (2012), S. 347
[233] Die Entwicklung der risikolosen Anlage wird hier vernachlässigt.
[234] Vgl. Moriabadi, C. (2012), S. 348
[235] Eigene Darstellung in Anlehnung an: Moriabadi, C. (2012), S. 348

Der restliche Anlagebetrag wird in Festgeld angelegt. Die Allokation des Anlagevermögens beläuft sich also zu 30% auf Aktien und zu 70% auf Festgeld. Um den Floor sicherzustellen, darf das Aktienportfolio nicht unter 1/3 seines Anfangswerts fallen. Steigt der Aktienmarkt um 10%, beträgt der Wert des Portfolios 10,3 Mio. €.[236] Das Cushion wird demnach auf 2,3 Mio. € erhöht und das neue Exposure beläuft sich auf 3,45 Mio. €.[237]
In Trendmärkten schneidet die CCPI gegenüber der CMI außerordentlich gut ab. Dem Vorteil der CCPI in Trendmärkten steht allerdings ein ausgeprägter Nachteil in Seitwärtsmärkten gegenüber. Kurssteigerungen lösen Aktienkäufe aus und nachfolgende Kursverluste führen zu Aktienverkäufen. Dieses Timing-Problem wird durch sich addierende Transaktionskosten weiter verschärft.[238]
Letztlich ist die Ansicht des Portfolio Managements über Vorliegen eines Trendmarktes oder eines Seitwärtsmarktes für die Entscheidung bestimmend, ob die Wahl auf die CMS oder die CCPI fällt. Wüsste der Portfolio Manager hierauf eine verlässliche Antwort, wäre es lediglich eine handwerkliche Leistung, die passende Strategie zu wählen und diese in systematische Gewinne umzumünzen. In genau dieser Prognose-ungewissheit liegt jedoch auch der Mangel der geschilderten Verfahren.[239]

5.2.3.6 Kasse-Short-Put-Switch

Beim Kasse-Short-Put-Switch handelt es sich um eine sicherheitsorientierte Strategie, deren Fokus nicht im systematischen Auf- oder Abbau eines Aktienengagements liegt. Stattdessen wird eine Anlage in eine andere umgetauscht (Switch).[240]
Wird das Kursniveau aus Sicht des Portfolio Managements hoch eingeschätzt, so werden klassische Aktienengagements in risikolose Anlagen geswitcht und zugleich mit einem Aktien-Short-Put unterlegt. Der risikobehaftete Teil des Portfolios (*auch: Exposure*) wird im Falle eines hohen Index-Stands durch den Switch reduziert. Umgekehrt wird bei niedrigem Index-Stand über den Short Put das Exposure (gewöhnlich Aktien) erhöht.[241]
Da es sich beim Kasse-Short-Put-Switch um eine linksschiefe Position handelt, wird die Partizipation an weiteren Kurssteigerungen begrenzt. Durch einen sofortigen Verkauf des Aktienengage-

---

236 Die Entwicklung der risikolosen Anlage wird hier vernachlässigt.
237 Vgl. Moriabadi, C. (2012), S. 348
238 Vgl. ebd, S. 348 f.
239 Vgl. Moriabadi, C. (2012), S. 349
240 Vgl. ebd, S. 350
241 Vgl. ebd, S. 350

ments wird dem Zweifel der Investoren Rechnung getragen und durch die Prämieneinnahme sein Profitstreben gestillt.[242]
Im Vergleich zu den stark reglementierten dynamischen Strategien weist ein Kasse-Short-Put-Switch einen hohen Grad an Entscheidungsfreiheiten auf und ermöglicht flexible Reaktionen auf extreme Marktsituationen. Entscheidungen für oder gegen Switchs sowie die Wahl der Options-eigenschaften können ohne einschränkende Reglementierungen getroffen werden.[243]
Ein dynamischer Einsatz des Kasse-Short-Put-Switch ist möglich und hat sich sowohl in Seitwärts-als auch in Abwärtsmärkten bewährt. Fällt die Wahl auf einen dynamischen Einsatz, sind wiederum Index-Futures empfehlenswert um Transaktionskosten zu reduzieren.[244]

[242] Vgl. Moriabadi, C. (2012), S. 348
[243] Vgl. ebd, S. 350
[244] Vgl. ebd, S. 350 f.

6 Zusammenfassung und Fazit

Im Rahmen der vorliegenden Studie wurde ein umfassender Einblick in die charakteristischen Eigenschaften spekulativer Blasen gegeben und es wurden Ansätze aufgezeigt, die solch hochvolatile Kursphasen erfolgreicher berücksichtigen.
So wurde zunächst das Wesen spekulativer Blasen beschrieben und ihre verschiedenen Entwicklungsstadien näher beleuchtet.
Eine wichtige Rolle bei ihrer Entstehung spielen exogene Schocks, die zu veränderten Zukunftsaussichten der Marktteilnehmer führen. Diese geänderten Erwartungen an künftige Marktentwicklungen stellen einen integralen Faktor bei der Entwicklung spekulativer Blasen dar. So erzeugen exogene Schocks gewöhnlich wachsende Nachfrage nach Gütern und Dienstleistungen und die Zahl der Investitionen steigt an. Die Geld- und Kreditmenge wird ausgeweitet und ein Boom entsteht.
Der Boom wird gemäß der Feedback-Theorie durch sich selbstverstärkende Prozesse intensiviert. So wecken anfängliche Kurssteigerungen das Interesse weiterer Investoren, die Nachfrage steigt und der initiale Preisanstieg wird in noch höhere Preisniveaus rückgekoppelt.
In der letzten Phase des Booms beginnen Insider ihre Gewinne zu realisieren und die Anlegererwartungen werden zusehends instabil. Die Kreditzinsen steigen und die Inanspruchnahme von Krediten sinkt. Das mittlerweile hochfragile System bricht in sich zusammen.
Die geschilderten Beobachtungen stehen im Widerspruch zu den Grundsätzen der neoklassischen Theorie. Folglich wurde im weiteren Verlauf die Praxistauglichkeit der modernen Kapitalmarkttheorie und insbesondere das Modell des Homo oeconomicus überprüft. Diese Untersuchungen führten zur Behavioral Finance Theorie, einem verhaltensorientierten Ansatz, der die begrenzte Rationalität menschlichen Entscheidungsverhaltens systematisch in ihre Prognosen miteinbezieht.
Die Forschungen im Bereich der Behavioral Finance zeigen, dass menschliches Verhalten häufig irrational ist und Kursbewegungen eine psychologische Komponente aufweisen. Menschen bedienen sich zur Urteilsfindung der Hilfe von Heuristiken, erliegen einer Kontrollillusion und streben nach Dissonanzfreiheit.
Die Entwicklung der Behavioral Finance Theorie stellt eine Abkehr von der neoklassischen Theorie dar. Anstatt die Dinge zu beschreiben, wie sie sein sollten, werden die Dinge beschrieben, wie sie wirklich sind. Der Nutzen der Behavioral Finance liegt demnach darin, die gewonnenen Erkenntnisse aktiv zu nutzen um Fehler, die in der menschlichen Natur liegen, zu vermeiden.

Im weiteren Verlauf der Studie wurde das Prinzip der Asset Allocation näher dargestellt – allgemein die Aufteilung des für die Investition zur Verfügung stehenden Geldvermögens auf die zur Auswahl stehenden Anlagemöglichkeiten. Hier wurden zunächst die traditionellen Verfahren wie die Strategische, die Taktische und die Aktive und Passive Asset Allocation aufgezeigt.
Die Strategische Asset Allocation mit ihrem Fokus auf langfristiger Ausrichtung und die Taktische Asset Allocation mit ihrer kurzfristigen, aktiven Vorgehensweise scheiterten jedoch häufig in Zeiten platzender Spekulationsblasen.
Aus diesem Grund wurden moderne Ansätze entwickelt, die der wachsenden Dynamisierung der Kapitalmärkte Rechnung tragen und Phasen hochvolatiler Kurse besser berücksichtigen.
Beispielsweise wurde die Dynamische Asset Allocation als Investmentstrategie präsentiert, die den Erfolg vermehrt an absoluten Erträgen ausrichtet und unabhängiger von Marktentwicklungen ist. Auch die Multi Asset Allocation, die den Gedanken der Diversifikation weiter vorantreibt um das unsystematische Risiko zu minimieren, fand Beachtung.
Neben der Dynamischen Asset Allocation und der Multi Asset Allocation wurde das Prinzip der Portfolio Insurance dargelegt. Diese Strategie spielt im modernen, sicherheitsorientierten Portfolio Management eine besondere Rolle.
Ihr Prinzip beruht auf der Versicherung des Portfolios gegen große Verlustrisiken (*downside protection*) und gleichzeitiger Partizipation an positiven Marktentwicklungen (*upside participation*). Im Rahmen der Portfolio Insurance Strategie wurden langjährig bewährte statische Verfahren wie Stop-Loss-Strategien und Protective Puts präsentiert. Beachtung fanden vor allem auch modernere dynamische Verfahren wie der synthetische Put oder die Constant-Mix-Strategie.
Die dynamischen Ansätze ermöglichen flexiblere Reaktionen auf sich plötzlich verändernde Marktbedingungen. Dennoch unterstützen sie das Portfolio Management lediglich bei seinen Entscheidungen – ein Allheilmittel sind sie bei weitem nicht. Die Irrationalität der Marktteilnehmer in Zeiten spekulativer Booms überwiegt und das große Dilemma der Prognoseunsicherheit bleibt bestehen.

Literatur- und Quellenverzeichnis

Aschinger, Gerhard (1993)
Optionspreisbestimmung und Portfolio-Insurance, in: Wirtschaftswissenschaftliches Studium, Heft 1, 23. Jg., S. 2-8.

Azariadis, Costa (1981)
Self-Fulfilling Prophecies, in: Journal of Economic Theory, No. 25, Department of Economics, University of Pennsylvania Philadelphia, Pennsylvania

Bergold, Uwe / Mayer, Bernt (2005)
Markt und Meinung – Mit Behavioral Finance und Technische Analyse zu den Gewinnern gehören, 2. Auflage, FinanzBuch Verlag GmbH, München

Black, Fischer / Litterman, Robert (1992)
Global Portfolio Optimization, Financial Analysts Journal, Nr 48, S. 28 – 43

Brinson, Gary P. / Hood, Randolph L. / Beebower, Gilbert L. (1986)
Determinants of Portfolio Performance, in: Financial Analysts Journal, July/August, S. 39 ff.

Büschgen, Hans E. (2012)
Das kleine Börsen-Lexikon, 23. Auflage, Schäffer-Poeschel Verlag, Stuttgart

Daxhammer, Rolf J. (2005)
Preis und Wert – Spekulative Blasen und Rationalverhalten, Working Paper 2005-02, Hochschule Reutlingen, Reutlingen

Dichtl, Hubert / Petersmeier, Kerstin / Schlenger, Christian (2003)
Dynamische Asset Allocation im Lichte der Präferenzen institutioneller Anleger, in: Handbuch Asset Allocation - Innovative Konzepte zur systematischen Portfoliooptimierung, Dichtl, Hubert / Kleeberg, Jochen M. / Schlenger, Christian (Hrsg.), Uhlenbruch Verlag, Bad Soden/Ts.

Frey, Eric (2009)
Mit der Krise leben lernen – Finanzpolitik und Geldanlage in stürmischen Zeiten, Linde Verlag Wien

Ellis, Charles D. (1993)
Investment Policy, 2. Auflage, McGraw-Hill Inc, Homewood

Ellis, Charles D. (2010)
Winning the Loser's Game, 5. Auflage, McGraw Hill

Farshid, M. Asl / Erkko Etula (2012)
Advancing Strategic Asset Allocation in a Multi-Factor World, in: The Journal of Portfolio Management, Volume 39 Number 1, Institutional Investor Journals, New York

Fischer, Donald E. (1983)
Options and Futures: New Route to Risk/Return Management, Institute of Chartered Financial Analysts

Goldberg, Joachim / Von Nitzsch, Rüdiger (2004)
Behavioral Finance – Gewinnen mit Kompetenz, 4. Auflage, FinanzBuch Verlag GmbH, München

Günther, Stefan (2012)
Asset Allocation, in: Portfolio-Management – Theorie und Anwendung, Günther, Stefan / Moriabadi, Cyrus / Schulte, Jörn / Garz, Hendrik, 5. Auflage, Frankfurt School Verlag, Frankfurt

Jurczyk, Boris (2002)
Behavioral Finance: Anlegerverhalten besser verstehen, Kunden beraten, wenn die Börsen crashen, Finanzpsychologie aktiv nutzen, Vdm Verlag Dr. Müller, Düsseldorf

Kahneman, Daniel / Tversky, Amos (1979)
Prospect Theory: An analysis of decision under risk, in: Econometrica, Vol. 47, No. 2, S. 263-291.

Kahneman, Daniel (1999)
Objective: Happiness, in: Well-Being: The Foundation of Hedonic Psychology, Russell Sage Foundation, Kahneman, Daniel / Diener, Ed / Schwarz, Norbert (Hrsg.), New York, S. 3-25.

Kindleberger, Charles P. / Aliber, Robert Z. (2005)
Manias, Panics, and Crashes – A History of Financial Crises, 5. Auflage, John Wiley & Sons, Inc., Hoboken, New Jersey

Kirchgässner, Gebhard (2008)
Homo Oeconomicus, 3. Auflage, Mohr Siebeck Thüringen

Li, Xi / Sullivan, Rodney (2011)
A Dynamic Future for Active Quant Investing, The Journal of Portfolio Management, Vol. 37, No. 3, pp. 29-36

Malkiel, Burton G. / Taylor, Patricia A. (2008)
Von der Wall Street zur Chinesischen Mauer – Wie Anleger von Chinas Boom profitieren können, 1. Auflage, FinanzBuch Verlag GmbH

Markowitz, Harry M. (1952)
Portfolio Selection, in: Journal of Finance, Vol. 7, S. 77 – 91

Markowitz, Harry M. (1959)
Portfolio Selection – Efficient Diversification of Investments

McMillan, Lawrence G. (1986)
Options as a Strategic Investment, New York Institute of Finance, Prentice Hall Press, 2nd Sub edition, New York

Meyer-Bullerdiek, Frieder (1999)
Kundenorientierte Absicherungsstrategien für institutionelle Anleger, in: Kundenorientierung von Banken, Herrmann, A. / Jasny, R. / Vetter, I., Frankfurt am Main, S. 179-202.

Minsky, Hyman P. (1992)
The Financial Instability Hypothesis, Working Paper No. 74, The Jerome Levy Economics Institute of Bard College

Moriabadi, Cyrus (2012)
Derivate und Portfolio-Insurance, in: Portfolio-Management – Theorie und Anwendung, Günther, Stefan / Moriabadi, Cyrus / Schulte, Jörn / Garz, Hendrik, 5. Auflage, Frankfurt School Verlag, Frankfurt

Mowat, Adrian (2009)
Sinking Ships – rising correlations between asset classes, in: Global Equity Research Paper, JP Morgan

Oehler, Andreas (2000)
Behavioral Finance - Theoretische, empirische und experimentelle Befunde unter Marktrelevanz, in: ÖBA, Bank-Archiv: Zeitschrift für das gesamte Bank- und Börsenwesen, Bd. 48, Heft 11/2000, S. 978-989

Osnabrügge, A. / Stahlberg, D. / Frey, D. (1998)
Die Theorie der kognizierten Kontrolle, in: Theorien der Sozialpsychologie, Bd. 3, Nachdruck der 1. Auflage, Bern

Rapp, Hans-Werner (2000)
Der tägliche Wahnsinn hat Methode - Behavioral Finance: Paradigmenwechsel in der Kapitalmarktforschung, in: Psychologie für Börsenprofis, Stuttgart, S. 76 – 108

Reuters (2012)
Cuba broadens economic reforms, plans new measures, http://www.reuters.com/article/2012/07/27/us-cuba-reform-idUSBRE86Q00B20120727, (Abgerufen am 30.10.2012)

Roßbach, Peter (2001)
Behavioral Finance – Eine Alternative zur vorherrschenden Kapitalmarkttheorie?, in: Hochschule für Bankwirtschaft, Nr. 31, Frankfurt/M.

Rudolph, Bernd (2003)
Theorie und Empirie der Asset Allocation, in: Handbuch Asset Allocation - Innovative Konzepte zur systematischen Portfolio-optimierung, Dichtl, Hubert / Kleeberg, Jochen M. / Schlenger, Christian (Hrsg.), Uhlenbruch Verlag, Bad Soden/Ts.

Schneider, Stefan (2010)
Homo Oeconomicus oder doch eher Homer Simpson?, Deutsche Bank Research, Frankfurt am Main

Schulte, Jörn / Garz, Hendrik (2012)
Theorie des Portfolio-Managements, in: Portfolio-Management – Theorie und Anwendung, Günther, Stefan / Moriabadi, Cyrus / Schulte, Jörn / Garz, Hendrik, 5. Auflage, Frankfurt School Verlag, Frankfurt

Shiller, Robert J. (2005)
Irrational Exuberance Princeton University Press, 41 William Street, Princeton, New Jersey 08540

Smith, Adam (1776)
An Inquiry into the Nature and Causes of the Wealth of Nations

Uhlmann, Roger (2008)
Portfolio Insurance – CPPI im Vergleich zu anderen Strategien (Bank- und finanzwirtschaftliche Forschungen), Haupt Verlag,

Unser, Matthias / Steiner, Manfred (1999)
Behavioral Finance am Aktienmarkt, Band 11: Empirische Analysen zum Risikoverhalten individueller Anleger, Uhlenbruch Verlag, Bad Soden/Ts.